JN125869

小売マーケティング・ハンドブック

第2版

青木 均
Aoki Hitoshi

同文舘出版

第2版　はしがき

2012年に本書初版を出版以来，小売業を取り巻く経済環境は大きく変化してきた。その研究においても進展が見られる。そこで，本書の狙いを変更しないものの，記述の全面的な見直しを行い，第2版を出版することにした。

改訂にあたって，小売マーケティングをより網羅的に捉え，時代の変化に対応できるように，つぎの事柄に留意した。

- 小売業者のインターネット活用を取り上げ，新たな章（第11章）を追加すること。
- プロモーションをマーケティング・コミュニケーションと捉え，インターネットによるマーケティング・コミュニケーションを積極的に取り上げること。
- 第4章小売マーケティング計画を小売マーケティング・マネジメントへと拡大し，マネジメント・サイクルに沿った小売マーケティングの概略を取り上げること。
- 第9章在庫管理をロジスティクスへと発展させ，取り上げる範囲を拡大すること。
- すべての章において，新たに関連する理論的文献を読み直し，それを踏まえて内容を改めること。

第2版の大きな変更点は，小売業者のインターネット活用の章を加えていることである。本書は店舗小売業を念頭に置いて，そのマーケティングの理論や原則を扱っている。初版では，店舗を中心として展開されるマーケティング活動に範囲を限定した。したがって，初版ではインターネットの活用については積極的に扱わないことにした。ところが，その後，小売業界において，店舗とインターネットを融合させるマーケティング活動が広く浸透してきたことから，店舗に焦点を当てるとしても，インターネット活用を積極的に扱うことが必要不可欠になった。第2版では，店舗とインターネットと渾然一体化している状

況を理論的に捉えて執筆している。

　今回の改訂に当たって，研究環境を整えていただいた愛知学院大学および同大学商学部の先生方にお礼を申し上げる。とりわけ，私を含めた6名のマーケティング専攻の教員間で切磋琢磨できる商学部の環境には感謝している。大学院時代にご指導いただいた，宇野正雄先生，宮澤永光先生には感謝してもしきれない。両先生の学恩に報いることが筆者の課題である。

　出版事情が苦しい中，第2版出版をお引き受けいただいた同文舘出版社長中島豊彦氏にお礼を申し上げる。また，同社大関温子氏にこの改訂をご担当いただいた。大関氏の素晴らしい仕事がなければ，第2版を出版することはできなかった。深く感謝する。最後に家族の支えがあって，煩雑な作業が行うことができた。家族にも謝意を伝える。

2024年初春　青木　均

はしがき

　マーケティングを学ぶための教科書は数多く出版されている。良書と呼べるものをいくつも見出すことができる。しかしながら，そのほとんどは，生産者とりわけメーカーを主体としたマーケティングを取り扱っている。また，専門的なテーマで書かれた小売業に関する研究書は数多い。さらに，小売業経営を指南する実務書も数多く出版されている。しかしながら，小売マーケティングの活動全般を整理する教科書は少ない。ましてや，小売マーケティングの理論的研究動向を踏まえた教科書は近年ほとんど出版されていない。

　多くの分野で小売業者が流通の中心的存在になり，小売業に関する研究が進展している現状を鑑みれば，理論的知見を織り込んだ，小売マーケティングの教科書の必要性が高まっていると考えることができる。筆者は，本書を小売マーケティングに関する理論的知見を学ぶためのハンドブックとして執筆した。

　本書の狙いは以下の通りである。

- 大学における中級レベルの教科書（流通やマーケティングの入門書と専門研究書との間の架け橋となる内容）にする。
- 流通研究とマーケティング研究双方を射程におく。
- 理論的研究動向を踏まえたオーソドックスな内容にする。
- 小売業関連資格の受験勉強に対応できるようにする。

したがって，つぎの読者が想定される。

① 大学商学部・経営学部・経済学部などの専門課程において，マーケティングを学ぶ学生。
② 販売士や中小企業診断士等の資格取得を目指す者。
③ 小売業の経営に関わる実務家のなかで理論的学習を志す者。

　本書を 3 部構成とする。第 1 部は小売業者の意義に関する内容を扱う。そこには，小売業者の社会的役割，小売業者の種類，小売業者の競争を含む。第 2

部は小売マーケティングの概略を扱う。そこには，小売マーケティング計画，消費者の購買行動を含む。第3部は小売マーケティング・ミックスを扱う。そこには，店舗開発，品揃え形成，価格決定，在庫管理，プロモーションを含む。

　本書執筆のために，数多くの文献を参照した。それらをまとめて巻末に参考文献リストを掲載している。本書をきっかけに，より専門的な小売マーケティングに関する学習を望む読者には，その参考文献の閲覧を推奨する。

　筆者の力不足により，本書が上記の狙いを実現したとは言い難いだろう。本書における記述上の誤りや内容の不完全さの責任は当然のことながら筆者にある。今後の改善のために，読者の方々からさまざまなご指摘を頂ければ幸いである。

　本書を完成させるに当たっては，多くの方々からご指導およびご支援を受けた。ここに感謝の気持ちを表したい。筆者の大学院在籍中の指導教授であった故宇野正雄先生（修士課程），宮澤永光先生（博士後期課程）には研究者を志して以降さまざまなご指導を賜った。本書の完成にそれが結びついていることは言うまでもない。本書を最終的に仕上げたのは，愛知学院大学在外研究制度を利用した，アメリカのUniversity of Arkansas-Fort Smith滞在期間中である。その機会を与えて頂いた，愛知学院大学とUniversity of Arkansas-Fort Smithの関係者にお礼を申し上げる。本書出版について同文舘出版と筆者とを仲介して頂いた，名城大学教授大﨑孝徳先生にもお礼を申し上げなければならない。

　最後に，本書担当の同文舘出版専門書編集部角田貴信氏に感謝を申し上げる。角田氏には，本書編集全般に目配せを頂いたが，とりわけ最終仕上げ段階において，アメリカと日本との間の煩わしい連絡を難なくこなして頂いたことには厚くお礼を申し上げる。

2012年初夏　青木　均

第1部　小売業者の意義

第3部　小売マーケティング・ミックス

第 1 部

小売業者の意義

　　第1部の学習のポイントは，小売業者はいかなる存在なのかについて理解することである。

　　第1章では，小売業者は経済社会のなかでどのような役割を果たしているのかについて学習する。小売業者が産み出しているもの，小売業者の存在意義などを学ぶ。第2章では，小売業者にはどのような種類が存在するのかについて学習する。小売業種および小売業態の分類に加え，商業集積の分類についても学ぶ。第3章では，小売業者の競争について学習する。営業形態の動態についてもあわせて学ぶが，これは競争と関連が深い。

第1章
小売業者の社会的役割

本章では，小売業者（retailer）の社会的役割を解説する。まず，小売業者の社会的役割の理解に向けて，小売業者が何を産み出しているのか，すなわち産出（output）について説明する。つぎに，小売業者の社会的な存在意義を説明し，最後にその社会的役割を説明する。なお，本書では有店舗の小売業に焦点を当てている。

第1節　小売業者の産出

小売業者の産出を説明するために，まず小売業者が遂行している流通機能（distributive function）を整理する。つぎに小売業者の概念を説明した後，その産出を説明する。

1．流通機能

生産（produce）と消費（consumption）の間には経済的懸隔（economic discrepancy）が存在している。その懸隔を架橋するのが流通（distribution）の役割である。経済的懸隔を架橋するための経済活動こそが流通である。その経済的活動を整理したものが流通機能である。活動を固有の領域ごとに取りまとめて構成した，活動の上位概念を機能と呼ぶが，小売活動は流通機能に取りまとめられる。小売業者は，同じく商業者（merchant）に含められる卸売業者（wholesaler）とともに，流通機能を専門的に担当している。

商業者に含まれる小売業者は流通機能の遂行を専門的に担当している。ここでは経済的懸隔をまず整理し，それを踏まえて流通機能を整理する。

(1) 経済的懸隔

　社会的な分業体制が成立し，交換体制が確立している今日の経済において，生産と消費との間には，つぎのようなさまざまな懸隔が存在している[1]。

- ① **所有に関する懸隔**：財（goods）の生産者（producer）と消費者（consumer）とが分離していることによる。
- ② **空間に関する懸隔**：財の生産地点と消費地点とが分離し，距離があることによる。
- ③ **時間に関する懸隔**：財の生産時点と消費時点とが分離していることによる。
- ④ **量と組み合わせに関する懸隔**：財の生産条件と消費条件が相違していることによる（生産は少品種大量生産，消費は多品種小量消費）。
- ⑤ **情報に関する懸隔**：生産者が消費者に関する情報を欠如し，消費者が生産者や財に関する情報を欠如していることによる。

　以上の経済的懸隔が架橋されなければ，消費されることを目的として生産された財はそれには至らない。経済的懸隔はつぎのように架橋される。所有権（title）が移転されることによって所有に関する懸隔が架橋され，財が輸送されることによって空間に関する懸隔が架橋され，財が保管されることによって時間に関する懸隔が架橋される。さらに，所有権と財の移転の過程で，財は選別され（sorting-out：質に選り分ける），集荷され（accumulation：同質の財を集める），分荷され（allocation：大きい単位にまとめられている同質の財を小さい単位に分割する），取り揃えが行われる（assorting：望ましい組み合わせで異質の財をまとめる）ことによって量と組み合わせに関する懸隔が架橋される。情報が流れることによって情報に関する懸隔が架橋される。

　なお，経済的懸隔で最も重要なのが所有に関する懸隔である。社会的分業の進展によって，所有に関する懸隔が生じたことが契機となって，その他の懸隔が生じ，流通という経済活動が起きたと考えられるからである。

(2) 流通機能

　経済的懸隔を架橋することが流通機能の基本であるといえる[2]。経済的懸隔

の架橋から流通機能は以下のように整理することができる³⁾。

①所有権移転機能：所有に関する懸隔を架橋する。

②輸送機能：空間に関する懸隔を架橋する。

③保管機能：時間に関する懸隔を架橋する。

④情報伝達機能：情報に関する懸隔を架橋する。

　経済的懸隔が流通機能の遂行によって架橋される時，生産部門から消費部門へ向かって，財の所有権，財自体，および情報の流れが生じ，消費部門から生産部門へ向かって，資金と情報の流れが生じる（**図表1-1**）。すなわち，流通フロー（flow）である。所有権フローは商流，財フローは物流，情報フローは情報流，資金フローは資金流と一般的に呼ばれる。なお，量と組み合わせに関する懸隔は，所有権移転機能，輸送機能，保管機能に含まれるさまざまな活動の実施に伴い架橋されると考えることができる⁴⁾。

　経済的懸隔の架橋には直接関わらないものの，所有権フローと表裏一体となるため，流通フローの統制には資金フローの統制が含まれる。また，財を所有することに伴う危険（選択した財や取引条件の適否，物的価値や経済的価値の減少など）を負担することも自由主義経済体制下流通フローの統制には欠かすことができない。したがって，補助的流通機能として，つぎの機能をあげることができる⁵⁾。

⑥金融機能：①②③の遂行に必要な資金の融通と信用の供与を行う。

⑦危険負担機能：財の所有，輸送，保管から生じる危険を負担する。

図表1-1　流通フロー

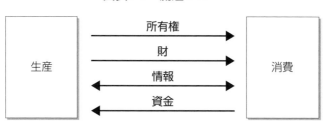

2. 小売業者の概念

　流通機能遂行を専門的に担当するのが商業者である。商業者には小売業者と卸売業者が含まれる。ここでは，小売（retail）と卸売（wholesale）との違いを踏まえたうえで，小売業者の概念について説明する。

(1) 小売と卸売の違い

　企業が販売を行うことについて，一般的に，小売と卸売に分けることができる。小売とは，本来は大きな単位のものを小さく切り取り，分けて販売することをいう。いわば，小口の販売である。したがって，販売単位の大きさを小売と卸売とを区別する基準として考えることができるのだが，実際には，販売単位をどこまでが大口で，どこまでが小口と区別するのかは曖昧である。

　日本標準産業分類上は小売と卸売とを買い手によって区別する。買い手には3種類が存在する。すなわち，個人的使用や世帯の維持のために商品を購買する最終消費者（ultimate consumers，以下消費者），生産活動のために商品を購買する産業使用者（industrial users），および再販売のために購買する再販売業者（resellers）である。消費者に対して販売することを小売といい，産業使用者や再販売業者（両方合わせて組織的購買者ともいう）に対して販売することを卸売という。

　なお，ここで，消費者と顧客（customer）の概念の違いに触れておく。消費者は個人的使用や世帯の維持のために財およびサービスを消費する主体である。顧客は，売り手にとって，取引関係がある，またはその可能性がある買い手のことである。したがって，一般的には，消費者のみならず，産業使用者，再販売業者も顧客に含まれる。小売業者にとっては，基本的に買い手は消費者であるので，顧客といえば消費者を指す。本書では，小売業者の立場から，消費者と小売業者との取引関係が想定される（潜在的にも）場合には顧客を用い，そうでない場合には消費者を用いる。ただし，両者が同義とみなされる記述も存在する。

(2) 小売業者の概念

　小売業（retailing）とは，消費者に直接有形の商品を販売する事業である。また，主として小売業を営む企業は小売業者，小売企業，小売商と呼ばれる。さらに，小売業を営むために設けられる事業所を小売店舗（retail store）という。小売業といった場合，事業，企業，店舗，それぞれを区別せず総称することがある。

　なお，店舗とは，買い手の来訪を受けて，そこで販売を行うための施設であって，永久的かつ固定的なものをいう（田島，1990，pp.46-47）。したがって，通信販売を行うための事務所，露天商のテント，移動販売に用いられる自動車，自動販売機などは店舗には該当しない[6]。本書では基本的に店舗といえば，小売店舗のことを指す。

　さて，小売，小売業，小売店舗，小売業者がそれぞれ意味するところの違いに注意する必要がある（田口，2016，pp.139-141）。小売は小売業者に専有の行為ではない。例えば，生産者がアンテナショップなどの形で直営店を設営し，小売を行うことがある。また，卸売業者が消費者に対して小口販売を行うことがある。しかしながら，生産者や卸売業者が小売を行うことがあっても小売業者とは呼ばない。なぜならば，小売業者とは小売業を主として営む企業であるからである。

3．小売業者の産出

　小売業者は商品を顧客である消費者に販売しているが，原則として商品を生産しているのではない。小売業者の産出はサービス（service），すなわち，小売サービスであるといえる。ここでは店舗レベルで捉える小売サービスの概念，消費への対応とそれを考慮した小売サービスの種類を説明する。

(1) 小売サービスの概念

　機能を遂行することによって産み出される働きは，サービスと呼ばれる。小売業者は卸売業者などとともに流通機能を遂行することによって流通サービスを産出している。サービスとは，無形性（intangibility）という特性を持つ，

何らかの働き，あるいは用役のことを指すが，サービス提供の源泉を考慮して
みると，「利用可能な諸資源が有用な機能を果たすその働き」と定義すること
ができる（野村，1983，p.38）。この場合，利用可能な諸資源とは，人員，設備，
機械などの物体，あるいはそれらの組み合わせを指す。また，有用なとは，サー
ビスの受け手にとって，効用（utility）をもたらす，役立ちを与えるという意
味である。

　流通の産出として，所有効用，場所効用，時間効用などの効用を指摘する見
解がある。しかし，ここでは，流通部門がサービスを産み出し，その提供を受
けた消費者が効用を得ると捉える。

　流通サービスといった場合，社会的に集計されたマクロ概念として捉えるこ
とができる（田村，1980，p.90）。この場合，小売サービスは小売段階で商業
施設によって提供される流通サービスの社会的な総計を意味する。ただし，個
別の店舗レベルで捉えることは可能である。小売業者の産出は流通サービスの
一部である小売サービスであるといえる。

　小売サービスを提供するための活動は，小売活動である。小売活動とは，小
売段階で行われる流通活動なのである。

(2) 消費への対応

　小売の対象である消費（最終消費）の特性が，小売サービスを規定する。消
費の特性を説明した後に，流通サービスに含まれる小売サービスについて説明
していく。

1）消費の特性

　小売業者は，卸売業者と同じく商業者であっても，顧客である消費者に商品
を直接販売することが本質であるゆえに，つぎのような消費の特性に対応しな
ければならない（Arnold and Reynolds, 2003, pp.77-95; Berman and Evans,
2018, pp.29-30）。

①**顧客の小規模分散性**：消費者は，世帯の維持，個人的な使用のために商品
　を購買するゆえに，企業などの組織的購買者に比べて購買規模は小さく，
　また分散して存在している。

②**非計画的購買**（unplanned buying）：消費者は商品を見て回っている時に決定することが多い。

③**快楽的買い物行動**（hedonic shopping）：珍しい経験，友人との交遊，ストレスの発散など，消費者は楽しみのための購買・消費を行う。

２）消費への対応

消費の特性に小売業者は，つぎのように対応する。まず，消費者が小規模で分散していることに対応して，販売員が個別に消費者を訪ねて販売を行うよりも，特定の場所に消費者を誘引して，集中して販売を行うほうが，取引ごとにかかる費用は低くなるため，店舗を設営することが考えられる。

また，非計画的購買に対しては，消費者の店舗内回遊を便利なものにする。さらに，快楽的買い物行動に対応して，快適さなどと表現される店舗内の雰囲気づくりを整えるようにする。つまり，店舗の設営を選択した小売業者が遂行する流通機能には，買い物環境の整備に関わるさまざまな活動が含まれることになる。したがって，その小売サービスには買い物環境の整備に関わる内容が含まれることになる。

(3) 小売サービスの種類

一般的に，小売業者によるサービスといえば，販売員による接客という意味に解されるが，小売サービスはそれだけにとどまらない。先述のように，小売業者は流通サービスに含まれる小売サービスを産み出しているのである。そして，顧客である消費者にそれを提供している。

店舗レベルで捉えた小売サービスには，つぎのような種類が含まれると考えられる[7]。

①**所有権移転サービス**：調達された商品の販売活動を内容とする。商品調達，売買契約締結，代金回収などの活動が含まれる。

②**輸送サービス**：商品を消費者の欲する場所で入手可能にすることを内容とする。そこには，店舗立地，店舗内買い物環境の整備，駐車場・駐輪場の設置，配送などが含まれる。

③**保管サービス**：消費者の欲する種類と品質の商品を，消費者の欲する時に，消費者の欲するロット・サイズ（lot size）で，入手可能なようにすることを内容とする。活動例としては，商品構成（merchandise mix），在庫，品質管理，営業時間の設定などであり，また，寸法直し，修理などの商品調整についても消費者の欲する品質を欲する時に実現させる活動であり，活動例としてあげられよう。

④**情報伝達サービス**：消費者にとって商品選択に必要な情報を統制可能な手段で提供することを内容とする。その手段には，広告（advertising），人的販売（personal selling），パブリシティー（publicity），セールス・プロモーション（sales promotion）などが含まれる。

⑤**金融サービス**：信用の供与を行い，消費者に対して商品売買時に現金以外の支払い手段を認めること，あるいは代金を貸し付けることを内容とする。掛け売りやクレジット・カード（credit card）による支払いの受け入れなどが含まれる。

⑥**危険負担サービス**：物的破損，陳腐化，不適当な商品の購入など消費者が商品を所有することに伴う危険を小売業者が負担することを内容とする。活動例としては，返品，商品交換，下取りなどがあげられる。

　金融サービスや危険負担サービスは，補助機能の遂行による小売サービスであるため，小売業者にとって本質的でないかもしれない。しかし，現実には小売業者はそれらを提供している。

第2節　小売業者の存在意義

　商業者の存立根拠を説明した後，商業者の段階分化を説明することによって，小売業者の存在意義を説明する。

1．商業者の存立根拠

　中間商人（middleman）である商業者が存在することによって，社会的に流

通費用が節減されることをその存立根拠として指摘することができる。これにはいくつかの学説が存在するが，ここでは，取引数単純化の原理，情報の縮約整合の原理，集中貯蔵の原理を説明する（田村，1980，pp.71-74）[8]。

(1) 取引数単純化の原理

　生産者と消費者が直接売買取引をする直接流通において，生産者（P）が5人，消費者（C）が5人存在する場面を想定する。この場合，可能な取引数は5×5＝25である（**図表1-2**）。つぎに，生産者が5人，消費者が5人存在するところに，商業者（M）が1人介在する場面を想定する。間接流通である。この場合，可能な取引数は5＋5＝10である（**図表1-3**）。

　商業者が介在することによって，社会的に取引数は減じられる。取引に要する費用がどの取引においても同じであるとするならば，社会的に流通費用が節減されることが理解できる。

図表1-2　生産者と消費者の直接取引

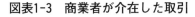

図表1-3　商業者が介在した取引

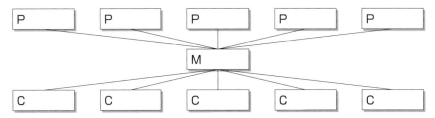

(2) 情報の縮約整合の原理

　商業者は，多くの生産者の財を集めて品揃えを実現する。商業者のそれを見れば，どのような生産者が存在しているのか，あるいはどのような財が生産されているのかという生産に関する事情を読み取ることができる。いわば，生産に関する情報が縮約されているのである。また，商業者が商品構成を決定し，品揃えを実現する時には，販売可能性を考慮する。つまり，消費ニーズに合った財を必要な量集める。したがって，商業者の品揃えを見れば，ある程度消費ニーズを読み取ることができる。いわば消費に関する情報が縮約されているのである。

　商業者において集中的に取引が行われ，その品揃えに生産および消費に関する情報が縮約整合されているため，生産者と消費者はそれぞれ，直接流通に比べて，取引に要する費用を減じることができる。社会的に流通費用が節減されることが理解できる。

(3) 集中貯蔵の原理

　生産者と消費者の間に商業者が介在して，商業者が財を集中して貯蔵することによって，社会的に財の貯蔵量が減少し，結果的に流通費用の節減が実現すると考えることができる。不確実性プールの原理とも呼ばれる。

　生産者と消費者が直接取引をする場合，生産者は消費者の需要に対応するために，実際の需要以上の在庫を保有する。なぜならば，需要の変動が考えられるためである。売り逃がしを防ぐためには，余分な在庫が必要である。個々の生産者が余分な在庫を保有すれば，社会的には大きな在庫が発生する。

　例えば，生産者が10人存在し，それぞれ年間1,000単位販売するため，個々に300単位の在庫を保有するとしよう。合計在庫量は3,000単位である。商業者が取引に介在して，集中的に在庫を保有することになれば，商業者の在庫はおおよそ1,000単位の保有で十分であるとすると，個々の生産者の在庫は100単位で十分であると考えてよいだろう。そうすると，合計在庫量は2,000単位になる。

2．商業者の段階分化

　商業者の存立根拠が理解できたとしても，それだけでは小売業者の存在意義を理解することはできない。商業者には卸売業者と小売業者が含まれるが，これについては商業部門が両者に段階別分化したと考えることができる[9]。したがって，小売業者の存在意義を理解するためには商業者の段階別分化の理解を欠かすことはできない。

　商業者は，生産者と消費者双方と取引を行う立場にある。生産と消費には，それぞれ，つぎの特質を指摘することができる（風呂，1968，pp.113-114）。生産は大規模化，集中化，標準化する傾向にある。つまり，生産者は効率を求めて少数の工場で集中的に標準化した財を大量生産する傾向にあるということである。その一方で，消費は小規模で，分散的で，個別的である。すなわち，多くの家計が別々に個性的な生活を営んでいる。そして，個性的な消費ニーズを満たすため，さまざまな財を小量ずつ消費する。

　商業者にとっては生産の特質と消費の特質両方に対応しなければならないが，特質の食い違いが大きい場合，段階別に消費に専門的に対応する小売業者と生産に専門的に対応する卸売に分化したほうが，専門性の利益を享受して，効率的に課業を遂行することができると考えられる。

第3節　小売業者の社会的役割

　小売業者の社会的役割を，消費者に対するもの，生産者・卸売業者に対するもの，地域社会に対するものに分けて説明する（鈴木，2016，pp.161-164）。

1．消費者に対する役割

　小売業者は，消費者になり代わって流通機能を専門的に担当する立場にあるが，その際，小売業者は消費者の購買代理人という立場をとることで，消費者の負託に応えることができるのである。つまり，小売業者の消費者に対する役割は消費者の購買代理人という役割を担うことであり，その役割を十分に担う

ことが，存在意義を勝ち得ることにつながるのである。

　消費者の購買代理人として，小売業者は，つぎのような側面において消費者に対する役割を果たしている（大野，1995，pp.90-93；雲英，1995，pp.98-101）。

①**消費者の望む品揃えの実現**：消費者の望む商品を消費者にとって入手可能なように揃え，在庫，陳列することが含まれる。これには，有害・欠陥商品を取り除き，人々の暮らしを豊かにするような商品を取り扱うことや，過剰な包装などを避けて自然環境に配慮することも含まれる。

②**消費者の望む購買状況の創出**：消費者の生活条件や購買商品からして，便利で快適な購買場所で，便利な時間に，消費者が購買できるようにすることが含まれる。これには，店舗における雰囲気づくりなど，買い物環境への配慮も含まれる。

③**消費者が必要とする適切な商品情報の伝達**：消費者が商品を選択する際に，消費者の生活条件からして必要な適切な情報を，適切な手段で伝達することを含む。これには，うそや誇大な情報，あるいは説明不足を取り除くことや，消費者が気付かない商品の利用方法を提案することなどが含まれる。

④**消費者にとって適切な価格での商品の提供**：商品について，消費者の経済条件からして適切な価格を付けることが含まれる。これには，消費者の知識不足につけ込んで不当に高い価格を付けたり，無理な顧客誘因のために不当に低い価格を付けたりはしないことも含まれる。

⑤**消費者にとって必要なさまざまな付帯サービスの提供**：代金の支払い手段，配達，商品調整・修理，返品など，消費者の生活・経済条件や購買商品からして必要と思われる付帯サービスにおけるさまざまな工夫が含まれる。

2．生産者・卸売業者に対する役割

　小売業者は，消費者になり代わって流通機能を専門的に担当する立場にあるが，その一方で生産者になり代わって流通機能を専門的に担当したり，あるいは卸売業者と協力して流通機能を専門的に担当したりする立場にあるとも考えられる。小売業者の生産者・卸売業者に対する役割は生産者・卸売業者の販売代理人であり，その役割を十分に担うことが存在意義を勝ち得ることにつなが

るのである。

　生産者・卸売業者の販売代理人としての小売業者は，つぎのような側面で生産者・卸売業者に対する役割を果たしている（大野，1995，p.93；鈴木，2016，pp.163-164）。

　第1に顧客開拓である。すなわち，消費者に精通する小売業者が，生産者・卸売業者の商品の潜在顧客となる消費者を探し出し，当該商品を消費者に推奨することによって，購買を刺激して取引締結を実現することである。

　第2に消費者情報の収集である。すなわち，消費者と直接接触していることを通して，小売業者が，商品の供給に必要な情報を収集して，生産者・卸売業者に提供することである。これによって生産者・卸売業者の商品供給を支援することになる。商品供給を支援する情報は，どのような商品が，どのような時期に，どのような消費者によって，どのような取引条件で受け入れられているのかということが含まれる。

3．地域社会に対する役割

　小売業者が地域の経済に対して雇用の創出という役割を果たしていることは，小売業者の地域社会に対する役割として重要であるが，小売業者の地域に対する役割はそれだけにとどまらない。店舗を設営する小売業者は，その店舗が地域の街並みを構成する要素となることから，地域における街づくりを進めるという役割も担う[10]。とくに，複数の店舗が寄り集まって商業集積を形成している場合には，行政，交通，教育，医療などの機関と調和を図って，人々が暮らしやすい街の維持・形成に貢献することは非常に重要である。小売業者の街づくりへの貢献は，つぎのような点で認められる（通商産業省産業政策局・中小企業庁，1995，pp.115-118）。

　①にぎわいの創出：店舗が集客装置として，街に人を呼び寄せることである。
　②景観の維持：周囲の景観と調和した建物を店舗として建築することで，人々の望む街の景観を形成する。歴史的建造物が多数残っている地域ではとくに配慮が必要であり，さらに商店街自体が歴史的価値を持つ場合にも同様である。また，清掃・ごみ処理などに関わっていくことも景観維持にとっ

ては重要である。

③**治安の維持**：小売業者が自らの店舗内のみならず，地域の防犯に努めることがある。とりわけ，経営者や従業員が店舗に近接して住居を構えている場合（職住一体）には，経営者や従業員が自警して地域の防犯に努めることがある。

④**地域文化の伝承・発展**：祭りなどの文化的行事に金銭面や人員面で支援することで，地域文化の伝承・発展に関わることがある。

⑤**雇用機会の提供**：小売業者が従業員を雇用する場合には地域社会に雇用の機会を提供することになる。

⑥**災害復興拠点の提供**：地震や台風などの災害が発生した際に，被災者が食料品などの生活物資を入手したり，救援情報をやり取りしたりする拠点を提供することがある[11]。

注

1）経済的懸隔の内容について統一見解はない。ここでは経済的懸隔と，その架橋については，兼村（1999, pp.1-3），鈴木（2016, pp.4-5）に依拠している。

2）機能とは活動の上位概念であり，流通機能は，経済的懸隔を架橋し，流通フローを統制するためのさまざまな活動について，関連ある諸活動を統合すべく抽象化した概念であると，ここでは捉えておく。

3）流通機能については，さまざまな見解が存在する。ここでは，兼村（1999, pp.4-6），鈴木（2016, pp.17-81）に依拠している。

4）つまり，品揃えを直接捉えた機能を識別しないことになる。しかし，小売業者を含めた商業者にとっての品揃えは存在意義を勝ち得るうえで重要である。詳しくは，Alderson（1957, pp.195-211〔訳, pp.223-242〕）を参照のこと。

5）補助的流通機能の扱いについては，経済的懸隔に直接対応しないため，あえて流通機能に含めないとする見解がある（雲英, 1983, p.20）。

6）店舗と呼ばれるものの中に，ポップアップ・ストア（pop-up store）がある。これは，期間限定（数日から数週間）の店舗のことで，企業が顧客とのコミュニケーションや顧客情報収集などのために設置する。永久的・固定的な販売施設とはいえないため，ここでいう店舗ではない。

7）ここでは，小売サービスの内容を流通機能に対応させて整理している。それらは，購買の便利さを与えることを内容とする兵站的サービス，欲求に対して適切な製

品の選択を行う際に案内を与えることを内容とする情報的サービス，製品価値の増進を内容とする製品機能的サービスの3つに簡略化できるかもしれない（Bucklin, 1978, pp.90-94）。

8）これらのうち，Hall（1948）が示した取引数単純化の原理は，卸売業者の存在意義を示すものであったが，商業者の存立根拠として援用されている。

9）商業部門は，経済発展に伴い，段階別，部門別，業態別という3方向に分化する（田村，1980, pp.76-78）。部門分化は業種分化のことである。

10）小売業者が店舗を構えることによって，街並みを構成し，人を引き付けて街ににぎわいをもたらすことは，小売経営の外部性と捉えることができる（石原，2006, pp.45-73）。

11）自給自足を行わない現在の消費者にとって生活物資の入手先は基本的に小売業者であるため，小売業はライフラインの1つであると捉えられている。したがって，小売業者の営業そのものが被災者にとっては救援になりうる。

第**2**章

小売業者の種類

本章では，小売業者の種類として，業種（type of business）と業態（type of operation）の分類を説明する。さらに，小売店の集積である商業集積の分類についても説明していく。

第1節 小売業種

　小売業者の業種とは，小売業者が取り扱っている商品の種類による分類のことである。総務省統計局の経済センサスにおいては，日本標準産業分類にしたがって，階層を持って，小売業種が分けられている（**図表2-1**）。小売業者が複数の分類項目に該当する経済活動を展開している場合，収入額または販売額の最も多い経済活動によって業種が決定される。

　小売業種が多様に分かれていくのは，商品によって，その性格からして，取り扱い方法，必要な商品知識や設備，取引条件が異なっているため，特定の商品を専門的に取り扱ったほうが小売業務について効率化するからである（石原，2000，pp.118-122）。例えば，衣料品と食料品では，取り扱いに必要とされる商品知識が当然違い，陳列台など必要な設備も違ってくる。さらに，食料品においても，乾物と生鮮食料品とでは，冷蔵装置の有無，取り扱い方法などの点で同じではない。

　取り扱い方法，必要な商品知識や設備，取引条件などの異同によって，特定の商品取り扱いに専門化することは，生産についても同様で，流通段階での業種の分化は生産の専門化に影響を受けているといえる。

　また，業種分化の程度は市場の規模によって制限される。一定の商圏内に十分な購買力がない場合，小売業者は特定業種に絞って販売を行っても満足な売上高を得ることができず，むしろさまざまな商品を取り扱って，売上高を確保

しようとするだろう[1]。

図表2-1　経済センサスにおける小売業種

各種商品小売業
　　　　　百貨店，総合スーパー
　　　　　その他の各種小売業（従業者が常時50人未満のもの）
織物・衣服・身の回り小売業
　　　　　呉服・服地・寝具小売業
　　　　　男子服小売業
　　　　　婦人・子供服小売業
　　　　　靴・履き物小売業
　　　　　その他の織物・衣服・身の回り小売業
飲食料品小売業
　　　　　各種食品小売業
　　　　　野菜・果実小売業
　　　　　食肉小売業
　　　　　鮮魚小売業
　　　　　酒小売業乾物小売業
　　　　　菓子・パン小売業
　　　　　その他の飲食料品小売業
　　　　　料理品小売業
　　　　　他に分類されない飲食料品小売業
機械器具小売業
　　　　　自動車小売業
　　　　　自転車小売業
　　　　　機械器具小売業（自動車，自転車を除く）
その他の小売業
　　　　　家具・建具・畳小売業
　　　　　じゅう器小売業
　　　　　医薬品・化粧品小売業
　　　　　農耕用品小売業
　　　　　燃料小売業
　　　　　書籍・文房具小売業
　　　　　スポーツ用品・がん具・娯楽用品・楽器小売業
　　　　　写真機・写真材料小売業
　　　　　他に分類されない小売業

出所：総務省統計局（2022）の表を抜粋。

第2節　小売業態

　業種は取り扱っている商品の種類による分類であるが，業態は小売業者の運営方法による分類である。小売業態，あるいは小売形態などという場合，3つのレベルで捉えることができる（関根，2016，pp.40-74）。すなわち，営業形態レベル，経営形態レベル，企業形態レベルである。なお，一般的に小売業態という場合には，営業形態を指すことが多い。

1．営業形態

　営業形態は，店舗の有無を含め，小売業者のマーケティング戦略のパターンによって識別される。小売業者は競争者との競争において優位に立つために，小売マーケティングミックス（retail marketing mix）に含まれるさまざまな活動を多様に変化させ，工夫を凝らす。その結果，さまざまなマーケティング戦略を実現する小売業者が出現することになる。しかし，小売業者は競争力のある競争者の活動を模倣して，自らの競争優位性（competitive advantage）を向上させようとする場合が多いことから，いくつかの似たようなパターンのマーケティング戦略を採用する小売業の集まり，いわば戦略グループが認められるようになる。この戦略グループが営業形態ということになるのである。

　しかしながら，営業形態の分類と把握は非常に難しい。なぜならば，小売業者は，小売マーケティング戦略に含まれる活動を日々刻々と変化させるため，ある時点で分類した営業形態は，時間が経過するにつれ，違ったものに変化していってしまうからである。

　ここでは，現在，日本において一般的に認められている代表的な営業形態の特徴を簡単に示す（大野，1995，pp.97-125；関根，2016，pp.42-62）。店舗の有無によって営業形態を大別することができる。

(1) 有店舗形態

日本における有店舗の代表的な営業形態にはつぎのものがある。一般に，営

業形態が言及される時には，有店舗の形態であることが多い。すなわち，店舗
において実現しているマーケティング戦略のパターンが営業形態として識別さ
れているのである。

①**百貨店**（department store）：買回品（shopping goods）や専門品（specialty goods）を中心とした衣食住にわたるさまざまな商品を幅広く揃え，商品の調達・販売に当たっては商品部門別に管理することを基本とする営業形態である。幅広い商品構成によって，顧客は1度の出向で必要なものを買い揃えることができるワン・ストップ・ショッピング（one stop shopping）の利便性を享受することができる。多くの場合，部門ごとに広い売場を持つ大規模な店舗が大都市の中心部に立地している。販売に際しては，接客を重視して，販売員による商品に関する十分な情報提供を行う。売場は顧客に快適さや豪華さを感じさせるように設計されている。商品の販売価格は高い傾向にある。

②**スーパーマーケット**（supermarket）：肉・野菜・魚などの生鮮食料品を含む食料品を中心に，日常生活上の必需品を幅広く揃え，セルフサービス（self-service）を採用し，営業経費を低く抑えて価格訴求を行い，大量販売を実現している営業形態である[2]。食料品についてワン・ストップ・ショッピングが実現している。郊外の道路沿いに店舗を設営し，顧客が自動車を利用して出向可能なように，広い駐車場を用意する例が多い。

③**総合スーパー**：ＧＭＳ（general merchandise store），量販店とも呼ばれる。衣食住にわたるさまざまな商品が幅広く揃えられ，セルフサービスを採用して（一部接客あり）営業費用を低く抑えて価格訴求を行い，大量販売を実現している営業形態である。多くは大規模な売場と駐車場を持つ郊外の道路沿いの店舗において，百貨店と同様，ワン・ストップ・ショッピングの利便性を顧客に提供している。

④**コンビニエンス・ストア**（convenience store）：小型の店舗において，食料品を中心に，日用雑貨品など日常生活上の必需品を最低限揃え，セルフサービスによって販売する営業形態である。年中無休，長時間営業（24時間も珍しくない）を基本として，住宅地周辺や繁華街に立地する。近隣の

消費者にとっては，欲しい時に，いつでも生活に必要な最低限度の商品が入手可能な，まさに便利な店というイメージを一般的に持たれている。商品の販売価格はスーパーマーケットなどに比べて高い傾向にある。従来，生鮮食料品は扱っていなかったが，近年それを扱う例が見られる。

⑤**ディスカウント・ストア（discount store）**：衣料品や家電製品などの非食料品分野の商品を揃え，販売に際してはセルフサービスを採用して，低価格で大量販売を実現している営業形態のことである[3]。ディスカウンターとも呼ばれる。低価格実現のために，郊外の地価の安い地点に簡素な店舗を設営することが多い。特定商品分野に絞り込んだディスカウント・ストアは，カテゴリー・キラー（category killer）とも呼ばれる。

⑥**専門店（specialty store）**：限定された商品分野や顧客に専門化して，幅が狭くて深い商品構成を実現し，販売に際しては，販売員による商品に関する情報提供をはじめとした十分な接客（完全サービス）を展開する営業形態である。商品の販売価格は高い傾向にある。生業として営まれる，「一般小売店」が専門店として認識される場合もある。

⑦**ドラッグ・ストア（drug store）**：医薬品，化粧品，日用雑貨品などを中心とした，低価格・大量販売を実現している営業形態のことである。従来は非食料品分野に限定していたが，近年は食料品の取り扱いを重視している。住宅地周辺，郊外，繁華街などに立地する。

⑧**ホーム・センター（home improvement center）**：住宅の補修を行うためのさまざまな材料を中心に，園芸用品，家電品，家具，日用雑貨品などの住まいに関する商品を幅広く揃えてセルフサービスで販売する営業形態である。近年は食料品の取り扱いを重視する例が見られる。郊外の道路沿いに店舗を設営し，顧客が自動車を利用して出向可能なように，広い駐車場を用意する例が多い。

⑨**均一価格店（variety store）**：日用雑貨品を中心に，アクセサリー，園芸用品，調理器具，食料品など生活に必要な商品を幅広く揃えて，基本的にすべて均一価格によって，セルフサービスで販売する営業形態である。日本では100円ショップが普及しているが，100円よりも高額な商品を扱う例が

ある。住宅地周辺や繁華街に立地する。

(2)　無店舗形態

　無店舗販売（non-store retailing）は，店舗を持たない小売業を指す。基本的に，顧客が自宅や職場などに居ながらにして買い物ができる営業形態である。これにはつぎの3つが存在する（田口，2016, pp.148-153）。

　①**通信販売（correspondence sales）**：テレビ，ラジオ，新聞，雑誌，郵便，電話，インターネットなどの通信媒体を利用して，顧客との接触，商品情報の提供，さらには受注までも行う営業形態である。

　②**訪問販売（door-to-door sales）**：販売員が顧客の在所を訪ねて接触し，商品を販売する営業形態である。

　③**自動販売機による販売（vending machine sales）**：機械が自動的に商品を顧客に提供する営業形態である。顧客が機械を自ら操作し，商品を選択し，決済を行う。販売員は介在しない。

2．経営形態

　経営形態は小売業者の店舗の展開方法を中心とした経営方法によって識別される。経営形態は，店舗展開の数，他企業との組織化の有無によって分類することができる（兼村，1999, pp.52-53；田口，2016, pp.168-175）。

(1)　店舗展開の数による分類

　複数の店舗を設営するのかどうかによって，経営形態を単一店舗経営と複数店舗経営に分けることができる。単一店舗経営は1つの店舗のみを設営する経営形態である。複数店舗経営は2つ以上の店舗を設営する経営形態である。

　さらに，複数店舗経営は，店舗を統制する方法によって，つぎの2つに分けることができる。

　第1はチェーンストア経営（chain store）である。小売業者の基本機能である商品調達と販売とを組織上分離させる経営形態のことである。本部が各店舗（単位店舗）の商品を集中・一括して調達し，在庫商品の保管，配送，広告な

どを行う一方，各店舗は本部の経営方針に従い，販売活動に専念するという
チェーン・オペレーション（chain operation）を採用し，複数店舗を設営する
のである。一般的にコーポレート・チェーン（corporate chain）と呼ばれるが，
日本ではレギュラー・チェーン（regular chain）と呼ばれることもある。

　第2は本・支店経営である。チェーンストア経営とは異なり，本部を兼ねる
本店による各店舗（支店）の統制はゆるやかで，支店は商品調達活動，販売活
動をはじめとした経営活動の独立性を認められている経営形態のことである。

(2) 組織化の有無による分類

　経営に際して，組織化という形で他企業と関係を持ち合うかどうかによって，
経営形態は独立経営と組織化に基づく経営に分けることができる。独立経営は，
小売業経営において，他企業と組織化という形で関係することなく，単独で行
う経営形態である。組織化に基づく経営は，小売業経営において，他企業と組
織化という形で関係して行う経営形態である。これは，制度的に独立している
複数の小売業者（卸売業者が含まれる場合もある）が，契約によって協業を目
的とした組織を形成し，その組織を通じて，小売業を経営するというものであ
る。

　その組織として，つぎの2つが存在する。第1はボランタリー・チェーン
（voluntary chain）である[4]。制度的に独立している複数の小売業者（卸売業
者が含まれる場合もある）が互いの独立性を維持しながら，商品調達，広告，
人材教育，情報処理などの経営活動を共同化し，規模の利益を享受することを
目的とする組織である。

　第2はフランチャイズ・チェーン（franchise chain）である。主宰者である
フランチャイザー（franchiser）が，フランチャイズ契約によって，加盟店で
あるフランチャイジー（franchisee）に対して，特定商品の取り扱い，のれん
の使用，あるいは特定事業活動を行うための権利を与え，また経営指導，共同
広告の実施などの便宜を与え，その見返りとして，フランチャイジーがフラン
チャイザーに対して加盟料や手数料を支払うという組織である[5]。そこでは，
フランチャイザーは本部の役割を担う。

図表2-2　各チェーンの主要相違点

	チェーンストア	ボランタリー・チェーン	フランチャイズ・チェーン
資本	単一資本	本部と加盟店は別資本	本部と加盟店は別資本
店舗経営者	本部から任命	本部から独立	本部から独立
商品供給	本部経由またはその指示による	本部調達が原則	本部経由またはその指示による
経営指導	本部指示	本部からの指導	本部からの強力な指導

出所：雲英（1983, p.111）を改変。

　ボランタリー・チェーンとフランチャイズ・チェーンには，それぞれつぎの特質がある（大野，1995，pp.146-158；田口，2001，pp.154-158）。両者はチェーン・オペレーションを採用している。それゆえ，加盟店である小売業者とは別に本部が存在して，その本部が商品調達を一括化し，加盟店に商品を供給する体制を整える。また，本部が，さまざまなマーケティング・コミュニケーション活動を展開したり，情報処理を行ったり，経営指導を行ったりする。本部と加盟店とは制度的に独立である。すなわち，本部と加盟店とは基本的に資本関係はなく，契約によって結ばれている。

　両者には相違点もある。ボランタリー・チェーンは同志連鎖店とも呼ばれ，加盟する小売業者間の「横のつながり」が存在する。日本においては，複数の小売業者が協同組合を設立して，それがボランタリー・チェーンの母体となる例がある。その一方で，フランチャイズ・チェーンにおいては，本部であるフランチャイザーと加盟店との間の契約で結ばれた関係はあるものの加盟店間のつながりは基本的にない。フランチャイズ・チェーンではフランチャイザーがノウハウや商品を提供し，加盟店が販売拠点を提供するという両者補完の関係がある。

　ここで，チェーンストア，フランチャイズ・チェーン，ボランタリー・チェーンの主な相違点について整理する（**図表2-2**）。

3．企業形態別分類

　企業形態は，出資方法や出資目的によって識別される。小売業者は，企業形態別に分類することができる（関根，2016，pp.73-74）。

　①**個人組織**：出資者が１人である企業形態である。

　②**会社組織**：２人以上によって出資されて運営される企業形態である。合名会社，合資会社，合同会社，株式会社がある。

　③**協同組合組織**：複数の小規模事業者あるいは消費者が，経済活動の相互扶助と経済的地位の向上を目的として出資し，経済活動を協同して行う非営利の組織である。主なものとして，消費生活協同組合，事業協同組合，農業協同組合がある。

第3節　商業集積

　店舗は，単独で立地していることがあるが，多くの場合他の店舗と近接し合って立地している。多数の店舗が特定地区に密集して立地している時，一般にそれは商業集積と呼ばれる。商業集積は成立・運営の計画性によって，商店街（shopping street or district），ショッピング・センター（planned shopping center or mall）に分けることができる。

1．商店街

　商店街は，一定地域内に歴史的に自然発生した商業集積である。構成される店舗は，主に中小小売店である。多くの商店街は，住宅地や都市中心部に位置しているが，郊外にも見られる。商店街は，商圏規模や立地場所によって分類することができる。ただし，つぎの分類は相対的なものである。

(1) 商圏規模による分類

　商圏の広がりによって，商店街を分類することが可能である（市原，1995，pp.13-14）。

①**近隣型（neighborhood）**：地域住民の日常的な買い物に対応して形成される。食料品や日用雑貨品などの最寄品（convenience goods）を販売する店舗中心の構成で，中小小売店が主力であるが，核店舗としてスーパーマーケットが存在することがある。商圏は狭い。

②**地域型（community）**：大都市の周辺部や小都市の中心部に形成される。食料品や日用雑貨品などの最寄品を販売する店舗に加え，衣料品，家具などの買回品を販売する店舗が含まれる。その他に，飲食店，理・美容店，銀行などのサービス施設が含まれる。商圏は近隣型よりはやや広い。

③**広域型（regional）**：県庁所在地クラスの都市中心部に形成される。買回品を販売する店舗中心の構成で，百貨店や総合スーパーが核店舗として存在する。その他に，飲食店，理・美容店，銀行，映画館，ホテルなど各種サービス施設などが含まれる。商圏は広い。

④**超広域型（super regional）**：政令指定都市クラスの都市中心部に形成される。買回品を販売する店舗中心の構成で，複数の百貨店や総合スーパーが核店舗として存在する。その他に，飲食店，理・美容店，銀行，映画館，ホテルなど各種サービス施設などが含まれる。商圏は非常に広い。全国的な知名度を誇るものもある。

(2) 立地場所による分類

立地場所の種類をいくつか識別することができる。

①**都市中心部型**：都市の中心部に位置している商店街である。多くの場合，鉄道の駅からアクセスが容易である。主に駅の乗降客を顧客とする。公共施設に近接している場合もある。

②**住宅地型**：住宅地に近接する商店街である。主に周辺住民を顧客とする。

③**門前型**：社寺に近接する商店街である。主に社寺の関係者や参拝客を顧客とする。

④**観光地型**：観光施設に近接する商店街である。主に観光客を顧客とする。

⑤**ロードサイド型**：道路沿いに形成された商業集積である。自家用車で移動する顧客を対象としている。多くは郊外において見られる。

2. ショッピング・センター

　ショッピング・センターは，開発者（developer）によって，計画的に，統一的に建設され，運営される商業集積である[6]。ショッピング・センターは，商圏規模，立地場所，建物構造によって分類することができる。

(1) 商圏規模による分類

　商店街と同様，商圏の広がりによって，ショッピング・センターを分類することが可能である（渥美，1990，p.215）。

①**近隣型**：日常生活に必要な最寄品販売を基本としている。スーパーマーケットをキー・テナント（key tenant）にすることが多い。その他，食料品，医薬品，日用雑貨品などを販売する店舗で構成される。住宅地近くに立地する。商圏は狭い。

②**地域型**：食料品や日用雑貨品に加え，衣料品，家具などの買回品が販売される。総合スーパーをキー・テナントにすることが多い。その他，最寄品，買回品を販売する店舗で構成される。それら以外に，飲食店や美容店などのサービス施設が含まれることがある。都市郊外に立地する。商圏は広い。

③**広域型**：最寄品，買回品が総合的に販売される。総合スーパー，百貨店，ディスカウント・ストアなど複数のキー・テナントが存在していることが多い。その他，最寄品，買回品を販売する店舗と，飲食店，美容店，映画館などのサービス施設で構成される。県庁所在地クラスの大都市郊外に立地することが多い。商圏は広い。

④**超広域型**：最寄品，買回品が総合的に販売される。総合スーパー，百貨店，ディスカウント・ストアなど複数のキー・テナントが存在していることが多い。その他，最寄品，買回品を販売する店舗と，飲食店，美容店，映画館，ホテルなどのサービス施設で構成される。政令指定都市や県庁所在地クラスの大都市郊外に立地することが多い。商圏は非常に広い。

（2）立地場所による分類

立地場所の種類をいくつか識別することができる。

①**郊外型**：郊外に立地する。道路沿いに立地し，店舗に大きな駐車場が併設される。

②**駅ビル**：駅舎に併設されたビル。店舗の他に飲食店などがそのテナントとなっている。

③**地下街**：地下に設置された不特定多数の歩行者通行のための歩道に面した商店街である。多くは都市の中心部にあるターミナル駅につながる場所に存在している。

（3）建物構造による分類

建物構造によってショッピング・センターを，つぎの2つに分類することができる。第1に閉鎖型である。ショッピング・モール（shopping mall）と呼ばれる。これは店舗，店舗間通路，共有空間が屋根で覆われている構造のショッピング・センターである。店舗のある建物内では消費者は天候の影響を受けずに買い物を行うことができる。消費者は自家用車を駐車場に駐車し，そこから建物までは歩いて移動する構造になっている。

　第2に開放型である。これは店舗が屋根で覆われているものの，店舗間通路や共有空間は覆われていない構造のショッピング・センターである。消費者は自家用車を駐車場に駐車し，そこから店舗までは歩いて移動する構造になっているものと，店舗の前まで自家用車を乗り付けることができる構造のものがある[7]。

注

1）市場規模が大きい場合でも，売上高の増加を狙って小売業者はさまざまな商品の取り扱いを進めることがある（石原，2000，pp.116-118）。水平的な統合である。消費者がワン・ストップ・ショッピングの利便性を求める場合に，水平的な統合は進む。ただし，無関連な商品を扱うのでは，消費者にワン・ストップ・ショッピングの利便性を与えることはできない。

2）日本では，スーパーマーケットのことをスーパーと呼び，業種にかかわらず，

セルフサービス採用の小売業を，すべて含める場合がある。したがって，食料品中心のスーパーマーケットのことをあえて食品スーパーと呼ぶことがある。ちなみに，多くの国においては，食料品を中心とするセルフサービス採用の小売業のことをスーパーマーケットと呼ぶ。

3）日本では，食料品を取り扱う低価格型小売業についても，スーパーマーケットや総合スーパーなどよりも強い価格訴求で販売しているような場合は，ディスカウント・ストアもしくはディスカウンターと呼ぶことがある。

4）本部機構をだれが担うかによって，ボランタリー・チェーンは卸売業者主宰型と小売業者主宰型とに分類することができる。欧米諸国では，一般的に，ボランタリー・チェーンといえば，卸売業者主宰型のことを指し，小売業者主宰型はコーペラティブ・チェーン（cooperative chain）と呼ばれる。

5）フランチャイズ・チェーンには，特定の商品流通を目的とするプロダクト・アンド・トレードネーム・フランチャイズ（product and tradename franchise）と，商品，ノウハウ，のれんなどを総合的に加盟店に提供するビジネス・フォーマット・フランチャイズ（business format franchise）が存在する。小売業界においては，後者が中心である。

6）ショッピング・センターに近い商業集積として，小売市場，寄り合い百貨店，寄り合いスーパーがある。

7）店舗の前まで自家用車を乗り付けることができる構造のものに，ライフスタイル・センター（lifestyle center）と呼ばれるショッピング・センターがある。これは，専門店中心の店舗構成で，商店街を模した雰囲気をつくり上げている。

第**3**章

小売業者の競争

本章では，小売業者が直面する競争の種類と競争優位性の追求について解説する。さらに，競争優位性の追求に関連して，営業形態の動態についても説明する。

第1節　競争の種類

小売市場における小売業者間競争は，分析レベルによって店舗間競争と商業集積間競争を捉えることができる[1]。

1．店舗間競争

店舗間競争は，顧客である消費者の愛顧（patronage）の獲得をめぐって小売業者の店舗間で争うことである。これには，つぎのような特質がある（荒川，1962，pp.158-172）。消費者の消費は小規模・分散的であり，消費者は高い買い物費用（shopping cost），とくに移動に要する費用を負担することが困難であるため，小売市場は地域限定的である。それゆえに売り手が少数である。また，小売業者は小売サービスを武器に競争する。これは，店舗立地，品揃え，店舗の雰囲気など多岐にわたる。複数店舗が同じ商品を販売していても，提供される小売サービスが店舗間で異なるため，差別化が実現する。

小売業者は，顧客愛顧の獲得を通して売上の増大，さらには利益の極大化を目指す。個々の店舗においては，品揃え，販売価格，マーケティング・コミュニケーション，立地，あるいは店舗内の雰囲気などに工夫を凝らし，競争者よりも差を付けて，消費者を引き付けるうえで，より有利な立場に立とうとするのである。差別的優位性（differential advantage）の追求と呼ばれる（Alderson，1957〔訳，pp.109-141〕）。

　小売業者が店舗において，それぞれ小売サービスについて工夫を凝らしていけば，消費者が接する小売サービスは非常に多様になるが，実際には，いくつかのタイプを認めることができる。類似した小売サービスを提供する店舗，換言すれば，マーケティング戦略の類似した店舗のグループが見出せるのである。一般に，それは営業形態として識別される。

　同じタイプに属すると認められる店舗間の顧客愛顧の奪い合い，つまり，同じ業態（あるいは業種）に属する店舗間で起こる競争は，水平的競争（horizontal competition）と呼ばれる。例えば，スーパーマーケットに属すると考えられている店舗間の競争である。

　違ったタイプに属する店舗間の顧客愛顧の奪い合いは，異形態間競争（inter-type competition）と呼ばれる。例えば，スーパーマーケットと百貨店との間の競争である。もっとも，異形態間競争はいうまでもなく，水平的競争においても，店舗間では，小売サービスの差異は認められ，両者の違いは「程度の差」であるといえる（鈴木，1980，pp.130-134）。

2．商業集積間競争

　小売業者間の競争は，一義的には店舗間競争である。しかし，その店舗は多くの場合，商業集積内に立地しているため，商業集積間の競争も念頭に入れる必要がある。商店街間，ショッピング・センター間，あるいは商店街とショッピング・センター間の競争は，商業集積間競争である。1つの買い物施設としての実態を構成している商業集積は，単独の店舗と比べて，合算した売場面積は大きく，商品は豊富である。したがって，顧客にとっては，1度の出向で必要なものを買い揃えることができるワン・ストップ・ショッピングや，商品の比較購買の利便性を得る可能性が高まる。つまり，買い物施設としての魅力は，単独店舗と比べて大きい。そのため，商業集積は単独店舗と比べてより広い地理的範囲から顧客を吸引することが可能である。商業集積間競争は，比較的広域に展開される。

第2節　競争優位性

　企業が競争者に対して競争上優位に立っている状態を競争優位性という。この場合の競争は小売市場における小売業者間競争を指している。企業が競争優位性を保持するための方向性として，差別化（differentiation）の追求と低費用（low cost）の追求が考えられる（Porter, 1980, p.3〔訳，p.59〕）。つぎに，小売業者における，それぞれの考え方について説明する。なお，競争優位性の獲得は，小売業者の流通における活動領域の変更に関わる。すなわち，卸売段階，生産段階の内部化もしくは外部化，生産者や卸売業者との提携や協業である。ここでは，活動領域の変更は考慮外とする。

1．差別化の追求

（1）差別化とは何か

　小売業者は，小売店舗においてその産出である小売サービスを差別化することによって，競争優位性を確保しようとする。小売業者は，特異な小売サービスを提供することで差別化を図るのである。

　マーケティングの実践や研究では，製品差別化（product differentiation）について議論が深められてきた。まず，製品差別化について振り返っておこう。製品差別化は，特定の製品について顧客から愛顧を得ることを目的として顧客の知覚において，他の競合製品と区別することである。手段の違いから，製品自体の物理的特性，例えば，デザイン，色，パッケージ，品質などの変更による本質的（intrinsic）差別化と，製品以外で製品に関して顧客に働きかける手段，例えば，広告，商品陳列（marchandise presentation），販売場所の環境などの販売条件の変更による非本質的（extrinsic）差別化が考えられる（Fisk, 1967, p.629）。

　さて，製品差別化は顧客から愛顧を得ることを目的としているため，顧客にとって価値があると認められなければ，差別化が実現したことにはならない。製品が顧客に価値があると認められる源泉は，買い手の費用の引き下げに求め

られる[2]。つまり，顧客が何らかの目的達成のための手段として特定の製品を
使用し，他の代替手段より低い費用で一定程度の目的が達成されたと顧客が認
めた場合，買い手の費用を引き下げたとして，顧客に価値を認められるだろう。
この時の費用は，製品の価格以外で，製品を購買，使用することに関する金銭
的支出，製品を購買・使用する時間，心理的・肉体的な疲労などが考えられる。

(2) 小売サービスの差別化

　小売業者の差別化は，特定の小売サービスについて，顧客から愛顧を得るこ
とを目的として，顧客の知覚において他の競合する小売サービスとを区別する
ことである。しかし，小売サービスは店舗に結びついて発現するため，特定の
小売店舗について，顧客から愛顧を得ることを目的として，顧客の知覚におい
て他の競合する小売店舗とを区別することであると理解できる。サービスはそ
の特性である無形性によって，サービス提供者とサービス自体とを分離するこ
とができない（Zeithaml, *et al.*, 1985, pp.33-46）。そのため，サービスの差別
化は企業もしくは店舗の差別化となるのである（Fisk, 1967, pp.630-631）。

　小売業者は，小売サービスを差別化することで，顧客の愛顧を獲得しようと
する。小売サービスが顧客に価値があると認められる源泉は，顧客が商品を購
買するという目的を達成するために負担する費用，すなわち，顧客の買い物費
用を引き下げることにある。買い物費用には，顧客の居場所から店舗との間の
移動のための金銭的支出（交通費，駐車料など），購買のために使用される時
間（居場所と店舗間の移動時間，商品情報を得るための探索時間），および，
心理的・肉体的な疲労が含まれる（Bender, 1964, pp.1-8；Kelly, 1958,
pp.32-38）。

　小売サービスの差別化は，小売サービス・レベルの引き上げとして捉えるこ
とができる。

　小売サービス・レベルは，顧客が商品を1単位購買するに当たっての顧客の
買い物費用を低下させる程度で規定されると考えられる。各個別の小売サービ
スのレベルを規定する次元は，つぎのように表される。

①**所有権移転サービス**：これの実現は他の小売サービスに依存する。

②**輸送サービス**：店舗と公共交通機関ターミナル間の距離，店舗に併設された駐車場・駐輪場の広さ，顧客に提供される商品配送に関する選択肢の数，店舗において顧客に知覚される便利さや快適さなどが考えられる。

③**保管サービス**：扱い商品の数，ロット・サイズ，欠品率，品質の一貫性，顧客に提供される商品調整に関する選択肢の数，営業時間の長さなどが考えられる。

④**情報伝達サービス**：顧客に提供される情報伝達に関する活動頻度，顧客に提供される情報種類の数，情報内容の誤りの数などが考えられる。

⑤**金融サービス**：顧客に提供される支払手段に関する選択肢の数が考えられる。

⑥**危険負担サービス**：顧客に提供される危険負担手段に関する選択肢の数が考えられる。

例えば，扱い商品の数が豊富になれば，顧客が他の店舗を探索する機会を減じるため顧客の購買費用を低めると考えられ，それが規定次元の1つとなるのである。

２．低費用の追求

　小売業者が低価格販売や高利益率を実現に向けて，低費用を追求するためには，2つの考え方がある。1つは商品の商品調達費用を削減すること，もう1つは付加価値を産み出すための費用を節減することである。付加価値とは，企業が外部から購入した原材料や商品に新たに付加し，産出した価値のことであるが，小売業者にとって付加価値とは，小売サービスに他ならない。商品調達費用の節減については，第7章で説明する。ここでは，小売サービスを産み出すための費用，すなわち営業費用の節減について説明する。その取り組みは，ロー・コスト・オペレーション（low cost operation）と呼ばれる。

(1)　営業費用

　企業は，顧客に許容される最低限度以上の質の製品・サービスを維持しながら，その 1 単位当たりの付加価値を産み出すことにかかる費用について，競争者よりも低いレベルを実現して競争優位性を確保する。小売業者にとっては小売サービスについてそれを実現する。その費用は，販売費・一般管理費（従業員給与，役員報酬，広告宣伝費，減価償却費，賃貸料など）にほぼ相当すると考えられる。これを営業費用と呼称する。

　小売業者が付加価値を産出することに関わる活動，すなわち，小売サービスを提供するための活動は，第 4 章の説明のように小売マーケティング・ミックスに含まれる活動に他ならない。また，小売サービス提供を支援する活動には，人事管理，財務管理，技術開発，経営管理などが含まれる。なお，これは第 4 章で説明するように価値連鎖（value chain）として概念化されている。

(2)　ロー・コスト・オペレーション

　営業費用を低減させる方策として，小売サービス・レベルの引き下げ，規模の経済性（economies of scale）の享受，経験効果（experience effect）の推進，経営資源の有効利用が考えられる（Aaker, 1992, pp.224-232；Porter, 1985, pp.62-118〔訳，pp.79-149〕）。

　1）小売サービス・レベルの引き下げ

　小売サービス・レベルの引き下げは，小売サービスの差別化の考え方を逆に捉えることによって理解することができる。顧客に受容される限度内で行わなければならない。

　2）規模の経済性の享受

　生産規模が拡大するにつれ，製品 1 単位当たりの生産に関わる費用が低下することが見られるが，このことはサービスに関しても当てはまると考えられる。平均費用が低下する理由として，生産が増加しても固定費がある程度まではほぼ一定であること，規模が大きいゆえに専門化されたすぐれた技術，設備を利用することができるようになることなどが考えられる。多店舗化した経営規模の大きい小売業者は，規模の経済性を享受する可能性が高まる。

3）経験効果の推進

　経験効果は，累積生産量が増加するにつれ製品1単位当たりの付加価値費用が低下していくことをいう。サービスについても同様である。一般に累積生産量が2倍になると，製品1単位当たり20％から30％程度低下することが確認されている（Abernathy and Wayne, 1974, pp.109-119）。経験効果の源泉には，学習（learning）と技術的向上（technological improvements）があげられる。学習は，さまざまな活動において従業員が反復して同様の作業を行うことによって，より迅速に誤りなく作業を行うことを学ぶことである。

　経験効果は，自然発生するだけでなくさまざまな工夫によって推進される。例えば，反復を容易にするため作業を専門化・単純化する，最善の作業方法を決定して標準化し従業員に訓練する，作業を行う場所を快適にする，職務を組み替えるなどである。作業の専門化・単純化・標準化によって，低賃金の未熟練労働者，例えば，学生アルバイトを多く採用することができ，その点においても，作業の専門化・単純化・標準化は低レベルの付加価値費用の実現に貢献するといえる。技術的向上は，新しい設備・機器の導入が典型的である。

4）経営資源の有効利用

　経営資源の有効利用は，遊休の経営資源をなくすことと同義である。従業員を多能工化（multi task）し，複数種類の作業を行えるようにすることで，1人の従業員が1種の作業が停止している時期に別の作業を行うことができるようになり，従業員の遊休時間を減らすことができる。また，複数店舗を展開する場合，一定の狭い地域に集中して出店すること（ドミナント出店）で，倉庫から各店舗に順に廻って商品を配送する際，店舗間の移動距離が短くなり，移動時間を減らすことができ，短時間で配送をし終えることができる。なお，在庫を遊休資源と考えれば，その削減は経営資源の有効利用ということができる。

第3節　営業形態の動態

　つぎの理由から，営業形態の動態が，小売業者の競争優位性の追求や，店舗間競争を読み解くカギであるといえる。第1に，小売業者が差別的優位性を追

求する過程で，営業形態は生まれ，変化を遂げるからである。第2に，営業形態の出現が異形態間競争を生むからである。ここでは，有店舗の営業形態の生起と発展を捉えた代表的仮説を解説する。

1．代表的仮説

　営業形態の生起と発展に関する代表的仮説を説明する。ここでは，小売の輪仮説（wheel of retailing hypothesis），小売の3つの輪仮説（three wheels of retailing hypothesis），真空地帯仮説（vacuum hypothesis），小売アコーディオン仮説（retail accordion hypothesis），弁証法仮説（dialectic hypothesis），小売発展段階仮説（the stage of retail development hypothesis），小売ライフ・サイクル仮説（retail life cycle hypothesis）を取り上げる。

(1) 小売の輪仮説

　小売の輪仮説は，営業形態の生起と発展に関する理論的研究の先駆けとなった仮説である（Hollander, 1960, pp.37-42〔訳，pp.99-104〕；McNair, 1958, pp.1-25〔訳，pp.3-41〕）。営業形態の生起と発展両方を捉え，つぎのような，過程をパターン化している。

　まず，革新であると見なされるような新規の小売マーケティングに関する知識を持った小売業者が，地価の安い地点での簡素な店舗，セルフサービスの採用を始めとする「もてなし」の削減，および商品構成の限定などによる，低い営業費用率の実現によって，低価格販売を武器として市場に現れる。低価格販売に関する独自のノウハウによって，新規の営業形態を市場にもたらした革新的小売業者は，市場において競争上優位に立つ。競争相手である他の小売業者は，革新的小売業者の競争優位性を認めると，そのマーケティング戦略を模倣する。やがて，低価格型のマーケティング戦略が小売業者間で広まり，一般的に新規営業形態として認められ，優勢な小売業となる。しかし，低価格型の営業形態が確固たる存在となってくると，つぎつぎと多くの小売業者が新たな低価格型営業形態を模倣して参入してくるため，同じ営業形態内での競争は激化する。同じ営業形態に属する個々の小売業者は競争優位性を保つために，商品構成の

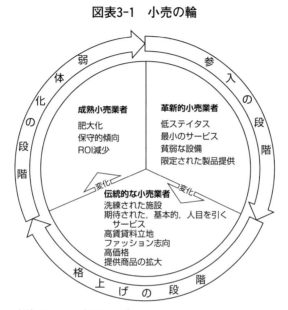

図表3-1　小売の輪

出所：Lewison（1991, p.73.）

幅を拡大したり，情報の提供や付帯サービスを充実させたりするようになる。
格上げ，すなわち，トレーディングアップ（trading-up）である。トレーディ
ングアップによって，小売業者は低いレベルの営業費用を維持することができ
なくなり，必然的に販売価格の上昇を招く。低価格型営業形態を採用した小売
業者が，もはや価格競争力を失ってしまうと，さらに，また新たな低価格型営
業形態が出現してくる余地が生まれ，実際にまた新たな低価格販売に関する小
売マーケティング知識を持つ小売業者が出現してくる[3]。

　小売の輪仮説がその名を冠されているのは，各営業形態は，低価格型からト
レーディングアップを経て，高価格型営業形態へと姿を変えるという循環を繰
り返し，まるで輪がくるくると回転しているように展開することを強調するか
らである（**図表3-1**）。

(2) 小売の 3 つの輪仮説

　小売の 3 つの輪仮説は，小売の輪仮説が，低価格型の新規営業形態しか想定せず，すべての新規営業形態を考慮していない点や，新規営業形態登場に対す

図表3-2　小売の 3 つの輪

①低レベルの革新的業態Aと高レ
　ベルの革新的業態Bの出現

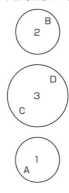

②既存業態CとDの反応と
　革新的業態AとBの反作用

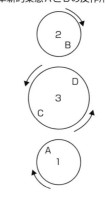

③既存業態の革新

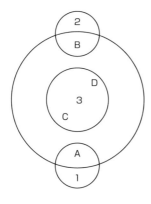

④革新的業態EとFの参入による
　サイクルの再出現

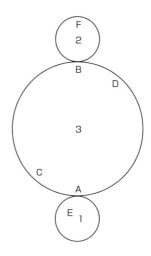

出所：Izraeli（1973, pp.71-72.）

る既存営業形態の反応を考慮していない点を批判して，小売の輪仮説を補う目的で唱えられた仮説である（Izraeli, 1973, pp.70-74）。価格・サービスが高レベルの高価格型新規営業形態の存在と既存営業形態の反応を組み込んでいる。営業形態の生起と発展両方を捉えている。

　図表3-2に示されているように，３つの輪が想定されている。１の輪は低価格型で参入してくる新規営業形態の輪で小売の輪仮説の輪に相当し，２の輪は高価格型で参入してくる新規営業形態の輪，そして３の輪は既存営業形態の輪である。

　①段階では，低価格型の新規営業形態であるAと，高価格型の新規営業形態であるBが出現する。②段階では，新規営業形態の参入を阻止できず，顧客愛顧を奪われるままの既存営業形態であるCとDが，顧客愛顧を奪い返そうと，新規営業形態の革新的部分を一部見習って，トレーディングアップ，あるいはトレーディングダウン（trading-down）を実施する。すると，新規営業形態も対抗して，トレーディングアップ，トレーディングダウンを実施する。つまり，１，２，３とも輪が回るのである。③段階では，既存営業形態と新規営業形態の反応の結果，両者の差異は，希薄化し，新規営業形態は既存営業形態に組み込まれるようになる。ここで３つの輪は静止してしまう。④段階では，さらにまた新規の営業形態E，Fが登場し，以降上記の過程を繰り返す。

(3) 真空地帯仮説

　小売業のサービス・価格レベルに対する消費者の選好（いわゆる好み）における，すきま（真空）の存在から新規営業形態の生起を説明する仮説である（Nielsen, 1966, pp.101-115）。

　図表3-3に示されているように，サービス・価格（この場合のサービスは小売サービス全般）について，低から高レベルまで消費者の選好が画かれ，中レベルのサービス・価格に対して最も消費者の選好が集まっているとする。現在，低レベルの店舗A，中レベルの店舗B，高レベルの店舗Cがあるとする。店舗Aはさらなる顧客の愛顧獲得を目指し，サービス・価格を消費者の選好がより集まっている店舗Bの方向へ引き上げる。トレーディングアップである。また，

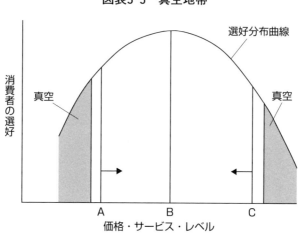

図表3-3　真空地帯

出所：Nielsen（1966, p.113）を一部改変。

店舗Ｃもさらなる顧客の愛顧獲得を目指し，サービス・販売価格を店舗Ｂの方向へ逆に引き下げる。トレーディングダウンである。その結果，高レベルと低レベルの店舗がなくなり，真空地帯，つまり，すきまが生じることになる。新規の参入者はすきまに参入し，新しい営業形態として登場することになる。すなわち，低価格型や高価格型の小売業が新規営業形態として登場するわけである。

　真空地帯仮説は，小売の輪仮説では説明されていなかった高価格型営業形態の生起をも取り扱っているところに特徴がある。

(4) 小売アコーディオン仮説

　商品構成幅の拡大と縮小という観点から，新規営業形態の生起を説明する仮説である（Hollander, 1966, pp.29-40）。図表3-4に示されているように，よろず屋のような商品構成上幅の広い営業形態がすでに存在し，市場において優勢であるとすると，つぎには幅の狭い専門店が新規の営業形態として出現するが，時間が経過して専門店が優勢な存在となると，さらに，つぎにはまた百貨店の

ような幅の広い新規の営業形態が登場するという歴史的パターンが示されている。つまり，営業形態の生起と発展は，まるで演奏されるアコーディオンのように，商品構成の幅が広がったり，狭まったりし，総合化と専門化の間で揺れ動くというのである。

図表3-4　小売アコーディオン

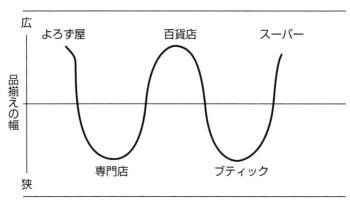

出所：Mason, *et al.*（1993, p.33）.

(5) 弁証法仮説

　弁証法的進化論の考え方を応用して，新規営業形態の生起と発展を説明する仮説である（Gist, 1968b, pp.106-109）弁証法的進化論によれば，物事の進化過程は，テーゼ（thesis），アンチテーゼ（anti-thesis），テーゼとアンチテーゼを統合したジンテーゼ（sin-thesis）という論理によって捉えられ，テーゼ，アンチテーゼ，ジンテーゼを限りなく繰り返す過程であるという。主流となっているテーゼに対して，反主流となるアンチテーゼが現れ，さらにテーゼとアンチテーゼが統合されたジンテーゼを出現し，やがてジンテーゼはテーゼとなる。

　営業形態の生起と発展に当てはめてみると，**図表3-5**に示されているように，百貨店が，高粗利益率，低商品回転率，高価格，フル・サービスなどの特徴を

図表3-5　弁証法的小売営業形態発展過程

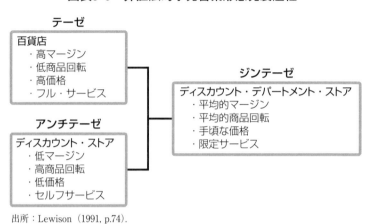

出所：Lewison（1991, p.74）.

持って，小売業のテーゼとして存在している。すると，アンチテーゼとしてディスカウント・ストアが，低粗利益率，高商品回転率，低価格，セルフサービスなどの特徴でもって挑戦してくる。その後，百貨店とディスカウント・ストアとの両方の特徴を備えたディスカウント・デパートメント・ストアが，平均的な粗利益率，平均的商品回転率，手頃な価格，限定サービスなどの特徴でもって，ジンテーゼとして登場してくるのである。

(6)　小売発展段階仮説

　営業形態の発展を，商品費用（生産費用）と小売サービスという2次元における高中低の組み合わせによって把握する仮説である（Regan, 1964, pp.139-153）。小売発展段階と名付けられているが，これは営業形態の生起の結果起こる社会的発展段階を指しているのであって，仮説が直接言及しているのは営業形態の生起である。

　小売サービスについてここでは，つぎの要素からなると捉えられている。すなわち，商品構成の幅と深さ，品質，店舗環境の特質，顧客を引き付けるためのプロモーション，財の所有権と財自体の交換を促進するための輸送サービス

図表3-6　小売発展段階

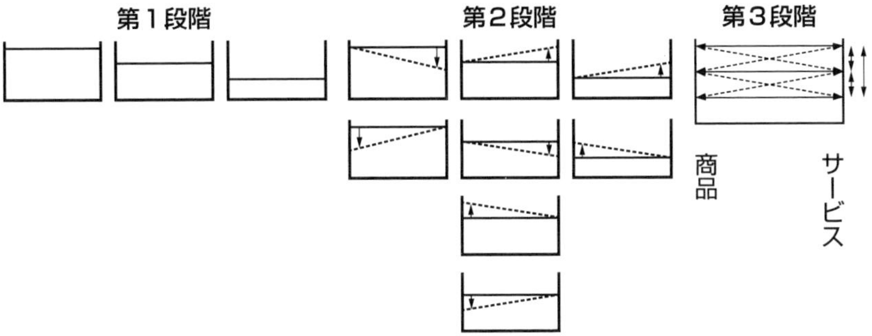

出所：鈴木（2016, p.189）を一部改変。

である。

　商品費用と小売サービス費用という２次元が設定される（**図表3-6**）。さらに，２次元それぞれについて高中低が設定される。そのうえで，３段階の営業形態発展が考察されている。

　第１段階（simplex trading）は，商品費用と小売サービス費用のレベルが同じである営業形態が出現する段階である。低級品は小売サービスが削減された小売業で販売され，高級品は高レベルの小売サービスの小売業で販売されるのである。

　第２段階（multiplex trading）は，それぞれ３種の営業形態において，環境変化に応じ，売上高と利益の向上を目指してトレーディングアップとトレーディングダウンを行うものが出現する段階である。例えば，中レベルの商品費用と中レベルの小売サービス費用の営業形態は，商品の品質の引き上げ（商品費用は高くなる）もしくは小売サービスの引き上げ（小売サービス費用は高くなる）を行う。両方の引き上げを行うかもしれない。低レベルの商品費用と低レベルの小売サービス費用の営業形態では品質や小売サービスの引き上げ，高レベルの商品費用と高レベルの小売サービス費用の営業形態では品質や小売サービスの引き下げを行うかもしれない。

　第３段階（omniplex trading）は，商品費用と小売サービス費用の多様な組

み合わせが実現する段階である。

(7) 小売ライフ・サイクル仮説

　営業形態の生起から衰退までの過程を，製品ライフ・サイクル論（product life cycle）を応用して説明しようとする仮説である（Davidson, *et al*., 1976, pp.89-96）。製品ライフ・サイクルと同様，営業形態は，革新段階，加速的発展（accelerated development）段階，成熟（maturity）段階，および衰退（decline）段階の4つの段階を経ることが想定されており（**図表3-7**），それぞれの段階ごとに小売業者が対応すべき経営行動が示されている（**図表3-8**）。

　まず，革新段階では，新規の営業形態が，価格，立地，商品などについて，マーケティング戦略上，既存の営業形態とは違った革新性を持って登場してくる。競争相手はほとんどなく，急速に売上高は伸びていく。

　加速的発展段階では，新規営業形態の売上高が急速に伸び，既存営業形態から顧客を奪っていく。そのため，この営業形態の成長性を見込んで追随・模倣する小売業者がどんどん増えていく。加速的発展段階初期の頃は，個々の小売業者は規模の拡大に伴って，規模の経済性を享受し始めるが，後期の頃には，大規模化した運営をまかなうためにスタッフが増加し，次第に営業費用が増加する。中央集権型の経営管理が必要とされるようになる。この時期最も小売業

図表3-7　小売ライフサイクル

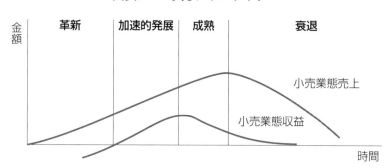

出所：Davidson, *et al*.（1976, p.91〔訳, p.99〕）.

図表3-8　小売ライフ・サイクルの各段階における小売業者の行動

	重症な分野,問題	小売ライフ・サイクルの発展			
		1．革新	2．加速的発展	3．成熟	4．衰退
市場特性	競争相手の数	ほとんどない	適度	直接の競争相手多数，適度な間接競争	適度な直接競争間接的競争相手多数
	売上成長率	急速	速い	普通から鈍化へ	緩慢あるいはマイナス
	収益率	低から中へ	高い	中	非常に低い
	新しい革新の持続期間	3年から5年	5年から6年	不定	不定
適切な小売業者の行動	投資/成長危険についての意思決定	投資最小―高リスク容認	成長維持のための高レベルの投資	未開発の市場の成長の抑制	最小限，不可欠な資本支出
	経営中枢の関心	調整と実験による概念修正	先取的市場地位の確立	過剰能力と「オーバーストア」成熟の延長と小売概念の改訂	「脱出」戦略の実施
	経営管理技術の使用	最小	適度	拡大	適度
	最も成功するマネジメント型	企業家型	中央集権型	プロフェッショナル型	世話人型

出所：Davidson, *et al.*（1976, p.92）〔訳, p.101〕を一部改変。

者の利益が高まる。

　成熟段階では，新規営業形態はもはや，新規，革新ではなくなり，売上高の伸びは低下する。個々の小売業者は一層規模が拡大し，激しい競争，過剰な供給能力などの環境変化に対応するため，高度な専門的知識を要するプロフェッショナル型の経営管理が必要とされる。激しい競争に対応するため，営業費用が上昇し，利益が減少していく。また，この頃に新たな革新的営業形態が出現してくる。

　衰退段階では，当該営業形態の競争力は失われ，もはや顧客を引き付けることができず，売上高は低下していく。

2．代表的仮説の問題点

　前節において解説した営業形態の生起と発展に関する仮説について，問題点を指摘することができる。

(1) 仮説個々の問題点

　小売の輪仮説については，アメリカにおけるスーパーマーケットやディスカウント・ストアなどの生起と発展をうまく説明することができると考えられる。つまり，両者とも低価格型で登場し，発展するに伴ってトレーディングアップし，やがて成熟するに至って，販売価格レベルを上昇させていったのである。しかしながら，つぎのような問題点を指摘することができる。まず，コンビニエンス・ストアやブティック（boutique）といった高価格型の営業形態の出現が考慮されていないことが指摘できる（Hollander, 1960, pp.40-41〔訳, pp.102-103〕）。新規営業形態の出現を低価格型に限っているのである。このことに関連して，スーパーマーケットといっても発展途上国の場合では，低価格型ではなく，高価格型の営業形態として登場したという事実も説明できない。さらに，低価格型営業形態の登場，トレーディングアップなどの過程について，消費者の反応が考慮されていないことが大きな問題点としてあげられる（Alderson, 1965, p.238〔訳, p.291〕）。

　高価格型営業形態の出現や消費者の反応を考慮し，小売の輪仮説の問題点を克服しようとしているのが，真空地帯仮説である。真空地帯仮説においては，新規営業形態の出現は，既存営業形態が小売サービスに対する消費者選好に対応して，トレーディングアップもしくはダウンを実施した結果であると説明されている。ただし，山なりの消費者選好分布曲線が既知のものとされているが，実際には推定することは困難であろう。小売サービス全体を消費者選好の対象としているためなおさらである。

　小売アコーディオン仮説と弁証法仮説はともに，新規営業形態の生起に焦点を当てている。小売アコーディオン仮説は小売業の商品構成の拡大と縮小という観点から新規の営業形態が生まれることを説明し，弁証法仮説はテーゼとア

ンチテーゼとの統合という観点から新規の営業形態が生まれることを説明しているが，両者ともなぜ商品構成の拡大と縮小やテーゼとアンチテーゼの統合が起こるのかについて説明していないという問題点が指摘できる。このことに関連して，消費者の反応を考慮していないことも問題点として指摘できる。

　小売の３つの輪仮説においては，小売の輪仮説を補うべく，新規営業形態について低価格型のみならず高価格型の生起と発展も含まれ，また，既存営業形態の新規営業形態の生起と発展に対する反応をも考慮されているが，小売の輪仮説同様，消費者の反応が考慮されていないことが大きな問題点である。

　小売発展段階仮説においては，営業形態の発展についてトレーディングアップとダウン両方が考慮されている。しかも，トレーディングアップとダウンについて，商品と小売サービスに分離して考慮している。これによって多様な営業形態出現の想定が可能となっている。しかし，消費者の反応が十分考慮されていない。

　小売ライフ・サイクル仮説においては，営業形態の発展に焦点が当てられている。ライフ・サイクルの各段階において小売業者が対応すべき課題が示され，他の仮説とは違い，マネジメント上の行動指針が提示されている。しかし，消費者の反応が十分考慮されていない。

(2) 共通する問題点

　ここで取り上げた仮説において共通して，つぎの２つの問題点を指摘することができる。

　第１に，分析レベルが混乱している（向山，1986，pp.19-22）。どの仮説も営業形態の生起と発展を説明しようとしているにもかかわらず，戦略タイプとしての営業形態と，企業である小売業者，事業所である店舗を混乱させている。例えば，小売の輪仮説や小売の３つの輪仮説においては小売業者と営業形態が混乱している。また，小売ライフ・サイクル論においては，小売業者の発展が営業形態の発展に置き換えられている。

　第２に，営業形態に関する知識の国際的な移転が考慮されていない（Kaynak，1979，p.239）。日本の小売業の歴史を振り返った場合，スーパーマーケットや

コンビニエンス・ストアなどは，アメリカから営業形態に関する知識が移転し
てきた。多くの発展途上国や先進国においても同様の歴史を顧みることができ
る。営業形態の生起と発展を説明するうえで，とりわけ，生起については，営
業形態に関する知識の国際的な移転を考慮する必要がある。

注 ||||||||||||||||||||||||||||||||||||||||||||||||||||||||||||||||||||||||||||||||||||||||||||||||||||||||||||||||||||||||||||||||||||||

1 ）さらに，都市間競争も分析の範疇に入れる必要があるかもしれない。
2 ）買い手費用の引き下げに加え，買い手実績の引き上げも考えられる。これにつ
　　いて，詳しくはPorter（1985，pp.130-141〔訳，pp.166-177〕）を参照のこと。
3 ）成熟段階では新規の営業形態が登場してくる余地が生まれるが，営業形態の世
　　代交代とまでは主張していない点に注意が必要である。実際，市場内に複数の営
　　業形態が併存する。

小売マーケティングの概略

第2部の学習のポイントは，小売業者のマーケティングの全体像を理解することである。

第4章では，小売マーケティング・マネジメントとして，小売業者が立案するマーケティング・マネジメントの体系を学ぶ。第5章では，小売マーケティング・マネジメントの範疇に入る環境分析のうち，とりわけ，消費者の購買行動分析に必要な理論的知見を学ぶ。

第**4**章
小売マーケティング・マネジメント

　本章では，小売マーケティング・マネジメントを解説する。まず，小売マーケティング・マネジメントの概要について説明する。つぎに，事業環境の分析，小売マーケティング目標の設定，ターゲット市場の設定，小売マーケティング・ミックス（retail marketing mix）の開発，小売マーケティング業務の計画，業績の把握と評価について説明する。

　小売業者のマーケティング・マネジメントは，生産者のそれと同様，顧客の消費ニーズ充足を起点とする顧客志向に基づき，幅広い活動を統合する。この顧客志向は第1章で説明した消費者に対する社会的役割と深く関わる。

第1節　小売マーケティング・マネジメント概要

　図表4-1のように，小売マーケティング・マネジメントの体系は，計画策定，実行，業績評価の過程によって表すことができる（Berman *et al.* 2018, pp.72-90; Levy and Grewal, 2023, pp.182-189）。

ステップ1：事業ミッション

　通常マーケティング計画は，その上位計画である企業の経営計画を受けて策定される。したがって，経営計画上定められた事業ミッションが小売マーケティング目標に先行する。事業ミッションとは，企業がどのような事業を展開しようとするのかを表現したものである。事業を企業自らが定義付けることでもある（Abell, 1980, pp.169-190〔訳，pp.221-249〕）。

　事業ミッションは，だれに対して，どのような商品分野で，どのような技術を用いて対応するのかを提示したものである。小売業に適応させて言い換えれば，だれの，どのようなニーズを，どのような方法で充たすのかを提示したも

図表4-1　小売マーケティング・マネジメントの体系

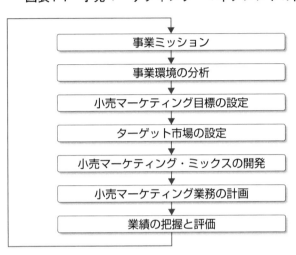

のとなるだろう。事業コンセプトという表現が用いられることがある。

ステップ2：事業環境の分析

　ステップ3以降の項目を策定するに当たって，事業を取り巻く環境について情報を収集し，それを分析し，事業成長の機会を把握する必要がある。

ステップ3：小売マーケティング目標の設定

　小売マーケティング目標は，売上高，利益，生産性などの財務上の目標によって設定される。また，市場シェアの獲得や地域一番店達成など競争者との相対的な位置付けで設定される場合もある。長期的目標と短期的目標が設定される。短期的目標は販売計画や予算に落とし込まれる。

ステップ4：ターゲット市場の設定

　ターゲット市場は，市場細分化（market segmentation）を受けて，設定される。ターゲットを複数設定することもあれば，1つのみの場合もある。ステップ2の環境分析を受けて，ターゲット市場の消費ニーズを把握する必要がある。

ステップ5：小売マーケティング・ミックスの開発

　ターゲット市場の消費ニーズを満たすための顧客対応活動の組み合わせをマ

ーケティング・ミックスと呼ぶ。小売マーケティングにおいてマーケティング・ミックスには大きく分けて2つの領域が存在する（神谷，1978，p.7）。1つは，店舗開発である。店舗に顧客を吸引して，集中的に取引を行う小売業者にとって，店舗は小売マーケティングの成否を決定付ける。もう1つは，商品に関する意思決定領域である。なお，ステップ4と5は一般的にマーケティング戦略の立案と呼ばれる。

ステップ6：小売マーケティング業務の計画

小売マーケティング・ミックスは，日常的な業務に落とし込まれなくては実現できない。この業務遂行には適切な組織を必要とする。

ステップ7：業績の把握と評価

マーケティングの実践後，目標と成果とのギャップを把握し，その原因を突き止める必要がある。これを，つぎの小売マーケティング・マネジメントにフィードバックすることによって改善が図られるのである。

第2節　事業環境の分析

小売業者にとっての事業環境を整理した後，環境分析に必要なデータ収集と事業環境の分析を説明する。

1．事業環境の整理

企業にとって事業環境には，外部環境と内部環境が含まれる。

(1) 外部環境

外部環境において小売マーケティングに影響を与えるのは，つぎのものである（Mason, *et al.*, 1993，pp.166-239）。

①**市場環境**：消費者の動向，競合する小売業者の動向，生産者や卸売業者などの取引業者の動向，商品市況など。

②**経済環境**：所得分布，経済成長，景気循環，金融の動向，労働力の動向など。

③**法・政治環境**：流通に関する政策，消費に関する政策，生産に関する政策

など。

④**技術環境**：生産技術，通信技術，物流技術など。

⑤**自然環境**：気候変動，環境破壊など。

　これらのうち，小売マーケティングの成否に直接的に影響を与えるという意味で重要なのは，市場環境である。一般的に市場環境をミクロ環境，それ以外をマクロ環境と呼ぶ。

　消費者の動向の把握には，人口，消費ニーズ，買い物行動，所得，消費性向などに関するデータの収集が求められる。競合する小売業者の動向の把握には，競合する可能性のある小売業者の経営状況や店舗におけるマーケティングの展開状況，消費者による競争者の評価などに関するデータの収集が求められる。取引業者（仕入先）の動向の把握には，取引の可能性のある生産者や卸売業者の経営状況，営業姿勢，扱い商品の品質やブランド力などに関するデータの収集が求められる。

(2)　内部環境

　内部環境とは，すなわち，小売業者の経営状況のことである。内部環境を把握するためには，経営資源とそれを活用して展開される事業活動を理解する必要がある。

1）経営資源

　経営資源は，ヒト，モノ，カネ，情報から構成されていると一般に考えられている。ヒトとは人材や組織の状況，モノとは設備や在庫の状況，カネとは財務状況，情報とはノウハウや信用の状況を指していると考えることができる。

　それらのうち，競争優位性を獲得するために最も重要な資源が情報である（伊丹，1984，pp.47-82）。情報には，生産技術・ノウハウや顧客データのように企業外部から取り入れて蓄積されるもの，信用やブランド力のように企業から外部に流れて外部で蓄積されることによって企業にとって資源となるもの，組織風土やモラルのように組織としての企業の行動特性を示すものが含まれる。

　ヒト，モノ，カネという「物理的に不可欠な資源」を組み合わせて，成果の上がる事業活動をもたらす源泉となるのが，情報である。また，企業にとって，

情報は簡単には入手することができず，取り換えができないという意味で，固定的存在である。それを蓄積するのには長期間が必要であるため，競争優位性を構築するうえで重要であるということができる。

　2）事業活動

　事業活動は，競争優位性の観点から価値連鎖という概念で捉えることができる（Porter，1985，pp.33-61〔訳，pp.45-77〕）。

　価値連鎖とは，資源調達から製品・サービス提供までに関わる諸活動の連鎖のことである（**図表4-2**）。事業活動は，製品の提供に直接関わる主活動と，主活動を支援する支援活動に分けられる。主活動には，購買物流，オペレーション，出荷物流，販売，サービスという下位活動が含まれ，支援活動には，全般管理，人事管理，技術開発，調達という下位活動が含まれる。

図表4-2　価値連鎖

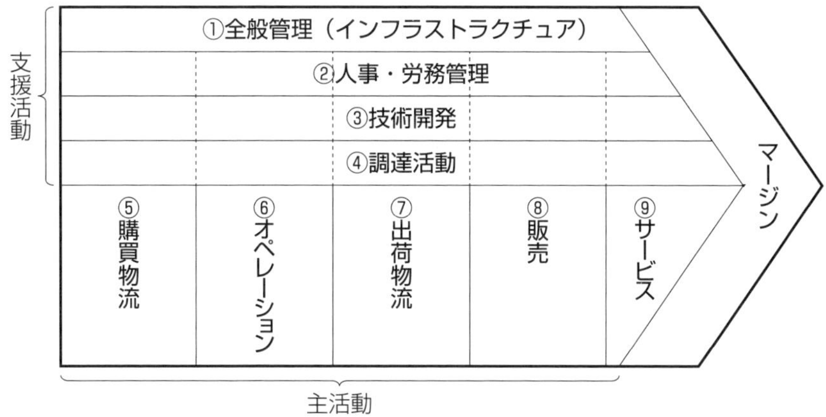

出所：Porter（1985，p.37〔訳，p.49〕）．

　小売業者において，主活動と支援活動それぞれの下位活動に含まれる要素は，便宜的につぎのように列挙することができる（竹内，1989，p.40）。なお，オペレーションは，製造業者においては製造を指すが，小売業者においては店舗

における商品販売の実現に関する活動と捉える。

①**全般管理**：経営計画，組織設計など。

②**人事管理**：人材の募集，訓練，人事評価など。

③**技術開発**：マーケティング・リサーチ，情報システム構築，店舗開発，商品開発など。

④**調達**：商品仕入先選択・交渉，店舗土地・資材購入など。

⑤**購買物流**：商品発注，在庫統制，倉庫・物流センター管理，荷受け・検品など。

⑥**オペレーション**：商品構成，営業時間，店舗環境整備など。

⑦**出荷物流**：配送，包装など。

⑧**販売**：人的販売，広告，パブリシティー，セールス・プロモーション，陳列，販売価格など。

⑨**サービス**：返品・交換，クレジットなど。

なお，表現や次元設定は異なるものの，③から⑨は，概ね先述のステップ4，5，6に抱合される。

2．データ収集

市場環境の把握を念頭において，データ収集の方法について説明する。データは，その収集方法の違いから1次データ（primary data）と2次データ（secondary data）に大別することができる。1次データは，調査員が自らの目的に沿って対象から直接的に収集するデータである。2次データは，他の目的のために収集されたすでに存在しているデータである。多くの場合，既存資料あるいはデータベースから収集することができる。

(1) 1次データの収集

マーケティング・リサーチは，マーケティング計画の策定のために，企業が体系的にデータを収集し，分析し，蓄積することをいうが，一般的には，1次データ収集のことを指すことが多い。

　1次データの収集の方策には，観察，質問，実験がある（宮澤，1995，pp.76-80）。

1）観察

　観察は，調査員が実際の消費者や競争者のありのままの動きを観てデータを収集することである。小売業者にとっては，店舗内で顧客を追跡して購買行動を記録することや，競合店舗に出向いて品揃えや販売価格を確認するなどの調査方法がありうる。その際，画像や動画の記録機器を活用することがある。観察によって，定性的データ収集が行われることが多い。しかし，通行量調査のように，調査員が特定項目の出現頻度を数えることで定量的データを得ることも可能である。

2）質問

　質問は，調査員が調査対象者に質問をして回答を得ることによって，データを収集することである。事前に準備した質問項目に基づいて，回答を得る方法をとることが多い。これには，個人に質問をして回答を得る個人面接，集団に質問をして回答を得る集団面接，電話を使って回答を得る電話調査，インターネット上で回答を得るオンライン調査，質問票に記入してもらうことで回答を得るアンケート調査などの方法が含まれる。定量的データと定性的データ双方を収集することが可能である。

3）実験

　実験は，仮説が実際に当てはまるかどうかを確認することであるが，観察とは違い，実験では対象に何らかの操作を加え，それによって起こる変化を捉えて，何らかの結論を出そうとする。小売業者にとっては，実験店舗において，商品陳列，レイアウトなどについて試行することがありうる。定量的データと定性的データ双方を収集することが可能である。

(2) ２次データの収集

　２次データの収集は，既存資料からのデータ収集である。通常，企業は，調査の効率を考え，２次データの収集からはじめ，それでは目的とするデータが収集し切れなかった場合に１次データ収集を行う。２次データの収集は一見簡

便なようであるが，環境の変化を捉えるためには，体系的・継続的に収集しなければならない。

　2次データは，情報源によって企業外データと企業内データに分けることができる（宮澤，1995, pp.75-76; Berman *et al.*, 2018, pp.224-227）。企業外データは，官公庁，調査・研究機関，報道機関など企業外部の機関（もしくは個人）において収集・整理されたデータである。これらは多くの場合，公開されている。企業内データは，企業において業務上発生するデータである。元々，マーケティング戦略立案のための活用は企図されずに発生する。

　企業外データの収集は，著書，新聞，雑誌，報告書，インターネット上の記録，テレビやラジオの放送記録，各種データベースなどの収集ということができる。インターネット上の記録として，商品レビューサイトやSNS（social networking service）上のユーザーの書き込み，企業や個人のwebページ上の掲載記事，インターネット・ユーザーの閲覧記録など多様なデータが存在し，比較的収集が容易である。

　市場環境に関わる主要な企業内データには，つぎのようなものがある（宮澤，1995, pp.75-76）。

①**販売データ**：個々の商品の売れ行きを示す販売データは消費ニーズを反映していると考えられる。売れ行きの良い商品（売れ筋）は消費ニーズに応えている商品ということができ，売れ行きの悪い商品（死に筋）は消費ニーズに応えていないということができる。多くの小売業者は販売データについて情報システムを活用して収集・処理している（第9章）。これに関連するデータとして，在庫データ，仕入先への発注データがあげられる。在庫高の推移は，売れ筋と死に筋の把握，取引業者への取引状況の理解に役立つ。

②**業務記録**：従業員が業務日報や販売記録などを作成している場合，それには消費者，取引業者，競争者に関するさまざまなデータが含まれている。消費者からの「生の声」を記録しているものは，販売データを補う役割を持っている。

③**苦情記録**：顧客からの苦情は，商品や店舗に対する不満の表れである。顧

客の不満は小売マーケティング活動の改善にとって重要なデータになりうる。

3．事業機会の分析

　小売業者は，収集されたデータを分析して事業機会を発見しなければならない。ここでは，SWOT分析，成長分析，競争分析を取り上げる。

(1) SWOT分析

　環境には，小売業者の事業展開にとって，機会となる動向がある一方で，脅威となる動向もある。また小売業者は機会を活かすための企業としての強みを有している一方，弱みも有している。これらを整理し，強みを活かして機会を捉えるための戦略を策定することが小売業者には求められる。また，弱みを強みに転換し，脅威を回避するための戦略も求められる。そのための分析は，strength（強み），weakness（弱み），opportunity（機会），threat（脅威）の頭文字をとって，SWOT分析と呼ばれる。

　強みと弱みは，内部環境を検討することによって導き出すことができ，機会と脅威は外部環境を検討することによって導き出すことができる（**図表4-3**）。

図表4-3　SWOT分析

　小売業者が自らの強みと弱みを導出するために，経営（トップ・マネジメント，ミドル・マネジメントなど），財務（キャッシュ・フロー，資金調達，費用構造など），商品（商品調達方法・組織，商品開発など），店舗（立地，店舗

施設など），ロジスティクス（物流施設，情報システムなど），顧客（顧客の愛顧獲得など）について分析することが望まれる（Levy and Grewal, 2023, pp.183-184）。

　小売業者は，市場の規模や成長性，消費ニーズ，競合など市場環境を中心に，外部環境の変化から機会と脅威を導き出すが，店舗小売業にとっては，店舗が立地する地域・商圏の市場環境が重要である。したがって，地域・商圏ごとに機会と脅威の分析が必要である。なお，機会と脅威の導出は簡単ではないことに注意が必要である。例えば，人口減により市場が縮小している状況は，事業機会が見出せず，脅威と判断できるかもしれないが，競合他社が撤退すれば，残存者として利益が確保できる機会が存在するかもしれない。

(2) 成長分析

　小売業者が事業機会を活かして成長を遂げるには，大別して4つの道筋が存在する（Ansoff, 1965, p.109〔訳，p.137〕；Levy and Grewal, 2023, pp.174-176）。これは，市場における新規と既存と，小売フォーマットにおける新規と既存を考え合わせることによって見出すことができる（**図表4-4**）。

①**市場浸透（market penetration）**：既存市場において，既存の小売フォーマットで対応し，小売マーケティング・ミックス上の工夫によって，売上高を増進させることができるのかどうかを考慮する。小売業者は，ターゲット市場内の潜在顧客の取り込み，既存顧客の来店頻度向上，客単価の向上な

図表4-4　成長マトリックス

ターゲット市場

		既存	新規
小売 フォーマット	既存	市場浸透	市場拡大
	新規	フォーマット開発	多角化

出所：Levy and Grewal（2023, p.174）.

どの狙いを定める必要がある。

②**市場拡大（market expansion）**：既存の小売フォーマットによって，新規
市場が開拓できるのかどうかを考慮する。小売業者にとっては，地域的拡
大（海外市場も含む）を狙った多店舗化が重要である。

③**フォーマット開発（retail format development）**：既存市場において，新
しい小売フォーマットが開発できるのかどうかを考慮する。これには，例
えば，既存顧客を対象としながら，食料品中心の小売業者が衣料品市場に
進出することや，店舗小売業者がインターネット販売に乗り出すことが含
まれる。

④**多角化（diversification）**：新規市場において，新しい小売フォーマットを
開発できるのかどうかを考慮する。多角化には既存事業との関連性によっ
て関連型と非関連型が存在する。

(3) 競争分析

　小売業者間競争において，小売業者は競争優位性を維持するために，競争者
との間の競争上の違いを認識する必要がある。その違いは，競争ポジションと
呼ばれる。通常，競争ポジションは，研究者や実務家がマーケティング・ミッ
クスに関わる2つの次元を設定して図を作成し，それに基づいて，自らと競争
者の属性を評価して，図上に位置付けることによって把握される。

　例えば，衣料品小売業において，**図表4-5**のように，ファッション性と価格

図表 4-5　競争ポジショニング

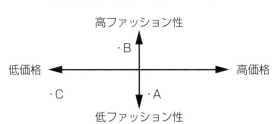

出所：King and Ring（1980, p.53）を改変。

レベルという2つの次元を設定し，自らと競争者をそれらの次元から評価して，位置を確認し，図上にプロットする（King and Ring, 1980, p.53）。通常は，消費者による評価（ないしは知覚）を基にする。そして，競争者で埋められていない位置への参入やその位置への小売マーケティング・ミックスの変更を検討する。

第3節　小売マーケティング目標の設定

　小売マーケティング目標は，売上高に関する目標と利益に関する目標に整理することができる。その目標は，期間が設定されて掲げられる。目標には大きく分けて長期的目標と短期的目標が存在するが，小売マーケティング目標についても，長期的目標と短期的目標が設定される。一般に，長期的目標は，数年先（例えば，3，5，10年先）の到達点であり，短期的目標は1年先までの到達点を指す。

1．売上高に関する目標

　ここでは，売上高に加え，市場シェアと顧客満足度も説明する。

(1) 売上高

　売上高は，最も頻繁に用いられる目標である。小売業者にとって，利益獲得可能な売上高を目指す必要がある。なお，売上高について，顧客獲得の観点から捉えるならば，つぎの式が導かれる。

売上高＝顧客数×平均客単価

　ここでいう顧客とは，実際に店舗内で商品を購買した消費者のことである。また，平均客単価とはその顧客が一度の購買で支払う金額のことである。顧客数や平均客単価を用いた下位目標を伴って，売上高目標が掲げられることがある。

　なお，顧客数は，来店客数と買い上げ率とを掛け合わせることで得られる。

来店客数とは，来店した消費者数のことであり，買い上げ率とは，来店客のなかで実際に商品を購買する者の割合である。また，客単価は，購買点数と平均品目価格を掛け合わせることで得られる。購買点数とは，顧客が一度の購買で買い上げた品目数のことであり，平均品目価格はその購買品目の販売価格の平均のことである。つまり，売上高はつぎの計算式で得られることになる。

売上高＝来店客数×買い上げ率×購買点数×平均品目価格

通常は企業全体の売上高目標を受けて，事業ごと，店舗ごと，売場ごと，部門ごと，販売員ごとに目標が割り当てられる。短期的には，需要の季節変動などを考慮しながら，1年ごと，四半期ごと，月ごと，週ごとに売上高目標が設定される。これは販売計画に盛り込まれる。また，売上高目標は，過去の実績との比較を考慮して（例えば対前年比），掲げられることが多い。

(2) 市場シェア

市場シェアは，市場における特定小売業者（もしくは店舗）の売上高の割合（比率）を指す。小売業者間の競争を考慮して，出店地域における市場シェアを目標として掲げることがある。ただし，これは市場の範囲，言い換えれば，競争者としてどの小売業者を想定するのかによって，数値が変化する。

なお，小売業界では，地域一番店という言葉で市場シェア1位獲得を標榜することがある。この場合，その裏付けである評判，品揃え，販売価格などについて，特定地域内で競争者を凌駕する意味を縫合している。

(3) 顧客満足度

企業にとっては，売上高の背景に顧客満足が存在していることを理解する必要がある。つまり，小売業者に対して顧客が満足してくれた場合，顧客はリピート購買を起こす可能性が高まる。その結果，小売業者は売上高の維持・増加を望むことができる。これはストア・ロイヤルティーを高めることに関連している。第5章で取り上げる。

2．利益に関する目標

　ここでは，利益に加え生産性も説明する。

(1) 利益

　一般的に利益は，売上高から費用を減じて算出される。利益を確保するためには，売上高を得ることと同時に費用を抑制する必要がある。費用抑制のためには，事業の効率性向上を考慮しなければならない。

　利益目標には，売上高総利益，営業利益，経常利益などを用いる。売上高総利益は，小売業界では一般に粗利益，あるいはマージンとも呼ばれる。売上高に対する利益の割合（比率）で示すこともある。それらの計算式は，つぎの通りである。

> 粗利益＝売上高－仕入原価
> 営業利益＝粗利益－販売費・一般管理費
> 経常利益＝営業利益－金融費用＋金融利益

　なお，価格変動を考慮した粗利益の計算については，第9章で説明する。

(2) 生産性

　生産性は，投入からどれだけ産出が得られるのかを示す。主な投入としては資本と労働が考えられる。産出としては，売上高や利益が考えられる。

1）資本生産性

　資本生産性については，例えば，投入（下の式の分母）を投下資本とし，産出（下の式の分子）を営業利益とすれば，投下資本営業利益率をつぎのように計算して，それを目標とすることができる。

$$投下資本営業利益率 = \frac{営業利益}{投下資本} \times 100$$

$$投下資本 = 株主資本 + 有利子負債$$

2）労働生産性

労働集約産業と指摘される小売業においては，労働生産性を把握することも重要である。投入を従業員数とし，産出を粗利益とすれば，労働生産性を求めることができる。

$$労働生産性 = \frac{粗利益}{従業員数}$$

小売業では，労働生産性として人時生産性を把握することが多い。これは投入を総労働時間（全従業員の全労働時間合計）とし，産出を粗利益とする。従業員が1時間当たり，どれほど粗利益を産み出しているのかを把握することになる。

$$人時生産性 = \frac{粗利益}{総労働時間}$$

第4節　ターゲット市場の設定

ターゲット市場を設定の前提として，市場細分化を行わなければならない。また，ターゲット市場設定にはいくつかのパターンが存在する。

1．市場細分化

ここでは，市場細分化の考え方，その基準と条件を説明する。

(1)　市場細分化の考え方

　市場細分化は，同質の消費ニーズを持つ消費者グループを識別することである。市場細分化は，つぎの 2 つの論理の両立を目指している。すなわち，消費ニーズへの対応と効率性の追求である。消費ニーズは，消費者ごとに異なっている。したがって，そのニーズへ効果的対応を追求すると，消費者ごとに違ったマーケティング戦略や業務が必要になる。しかし，それは非効率的で実現困難である。売り手の企業が業務の効率性を追求すると，標準化したマーケティング戦略や業務によってどの消費にも画一的に対応することが進行する。しかし，それでは消費ニーズを充足されない消費者が多く生まれてしまう。

　そこで，企業は消費ニーズが同質な一定以上の大きさの消費者グループを識別し，そのグループに合致したマーケティング戦略や業務を開発することによって，消費ニーズへの対応と効率性の追求を両立させようと目論むのである。識別された消費者グループは市場セグメントと呼ばれる（**図表4-6**）。

　市場細分化は，市場の異質性（heterogeneousness）を前提としている。つまり，市場には異質な消費ニーズを持つ買い手が集まっていると考えられるのである。基本的に，この異質性は消費者（もしくは消費者グループ）ごとに消費ニーズが異なっていることを意味しているのであるが，同じ消費者であっても状況によって消費ニーズが異なることも意味する（田村，2001，pp.244-245）。

　市場細分化は，差別化と関連が深い。ここでは，差別化と市場細分化とは，

図表4-6　市場細分化

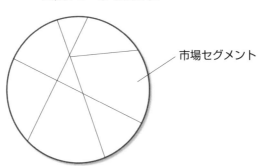

市場セグメント

マーケティング上補完関係にあると，考えることにする[1]。つまり，市場の異質性，すなわち，多様な消費ニーズ欲求に対応するために，多様な小売サービスを提供する必要から差別化を行っていることである。

(2) 市場細分化の基準と条件

　市場細分化の基準には，つぎのものが考えられる（Levy and Grewal, 2023, pp.149-151）。各基準には多くの変数が含まれている（**図表4-7**）。複数の基準，変数を用いて小売業者は市場細分化を行う。

①**人口統計学的基準**（demographic criteria）：年齢，性別など客観的に把握可能な人口統計学上の属性を変数として用いた基準。

②**地理的基準**（geographic criteria）：国や地域など，消費者が居住している場所に基づいた基準。人口密度や気候など地理に関連する変数を用いることもある。

③**心理的基準**（psychographic criteria）：消費者がどのように金銭と時間を費消するかに焦点を当てた基準。これは消費に関するライフスタイルを捉えることになる。

④**購買行動関連基準**（buying behavioral criteria）:消費者が購買する状況に焦点を当てた基準。購買頻度，消費する状況，消費者が求める便益などを変数として用いる。

図表4-7　市場細分化の基準

基準	変数例			
人口統計学的基準	年齢　　　　所得	性別　　　　人種	家族構成　　社会階級	職業　　　　学歴 宗教など
地理的基準	地域	人口密度	都市人口	気候など
心理的基準	自己イメージ	ライフスタイルなど		
購買行動関連基準	購買頻度	利用率 消費状況	便益	ロイヤルティーなど

　市場細分化は以下の条件の充足を考慮して行う必要がある（Levy and Grewal, 2023, pp.147-149）。

①**実行可能である（actionable）**：小売業者が市場セグメントの消費ニーズを満たすために何をすべきか知っている。

②**明確化可能である（identifiable）**：市場セグメント間の区別がつき，市場セグメントにおいてどの消費者を狙うべきか小売業者が決定できる。

③**購買力の大きさ（substance）**：市場セグメントの購買力は事業採算性の観点から十分な大きさを持っている。

④**到達可能である（reachable）**：小売マーケティング・ミックスによって市場セグメントに働きかけることができる。

　小売業者の市場細分化の特色として，顧客吸引は立地の大きな影響を受けることがあげられる。出店地域の選定では，ターゲットも包括的に選ぶことになる。つまり，小売業者のターゲット設定は立地の決定と連動している。したがって，小売業者の市場細分化においては，地理的基準が重要であるといえる。

2．ターゲット市場設定のパターン

　ターゲット市場が収益上の魅力を有していることに加え，当該ターゲット顧客が他の顧客に対し影響力を持つこと，収益性は低くても市場の大きさが顧客基盤形成に役立つこと，顧客がもたらす情報が今後の事業展開に有益であることなどを勘案して，企業はターゲットを設定する（Kotler *et al.*, 2022, p.149〔訳，pp.208-209〕）。

　ターゲット設定の際，市場をどこまで細かく区分するか（市場細分化の程度），区分した市場セグメントのうち，どれだけの市場セグメントを標的とするか（ターゲット範囲）を考慮する必要がある（池尾，1986，p.64）。これらを考慮すると，ターゲット設定には，無差別型（undifferential），差別化型（differential），集中型（focus）という3パターンがありうる（Kotler, 1967, pp.56-61）。

(1) 無差別型

　無差別型は市場を細分化せず，市場全体をターゲットにして，単一のマーケティング・ミックスによって対応するというパターンである。市場細分化の程度が低く，範囲の狭いターゲット設定である。この場合，小売業者は，市場内の同質的な消費ニーズに着目することになる。

　小売業者が同一事業として複数の店舗を展開していく場合，各店舗で，品揃え，マーケティング・コミュニケーション，買い物環境などを標準化する。標準化は，経験効果，規模の経済性，経営資源の有効利用を推進することにつながる。つまり，競争優位性追求上，低費用の追求に一貫しているのである。

(2) 差別化型

　差別化型は，比較的市場細分化の程度が高く，範囲が広いターゲット設定のパターンである。複数の市場セグメントをターゲットに設定して，それぞれに合致したマーケティング・ミックスを開発するのである。

　小売業者にとって差別化型をとる場合，ターゲットごとに店舗を用意し，それぞれ異なるマーケティング活動を展開することになる。しかしながら，比較的大型店舗の場合，同一店舗内でターゲットごとに売場を用意して対応することもありうる。差別化型は，競争優位性追求上，差別化の追求の論理に一貫したターゲット設定である。

(3) 集中型

　集中型は細分化した市場のうち１つをターゲットとして，マーケティング対応するパターンである。比較的市場細分化の程度が高く，範囲が狭いターゲット設定のパターンである。ニッチ型（niche）とも呼ばれ，中小規模の小売業者が大規模の小売業者に対抗する際にとられることが多い。なぜならば，中小規模の小売業者は経営資源が過小であるため，複数の市場セグメントに対応していては，各市場セグメントへの対応が不十分になってしまうからである。

第5節　小売マーケティング・ミックスの開発

　マーケティング目標を達成することに向けて，ターゲット市場を設定し，その消費ニーズを充足するためのマーケティング・ミックスを決定することは，マーケティング戦略の決定と呼ばれる。

　小売マーケティング・ミックスは，小売業者のマネジメントの観点から，小売サービスの内容とレベル，さらに取引条件を組み合わされて構築される。これは小売ミックス（retailing mix）とも呼ばれている（Lazer and Kelly, 1961, pp.34-41）。

　小売マーケティング・ミックスの分類次元設定については，論者ごと，小売業者ごとにさまざまである。先述のように，大別すれば，店舗開発（店舗関連領域）と商品関連領域を見出すことができる。小売業界において後者は，マーチャンダイジング（merchandising）と呼ばれることが多い[2]。この場合，マーチャンダイジングには，品揃え関連とマーケティング・コミュニケーション関連の領域が含まれることになる。ただし，語義を捉えると，マーチャンダイジングは，品揃え形成が中心的な活動領域である。

　品揃えは，販売場所において顧客に提示される商品の集合のことであるが，小売業者のその形成過程には，商品構成だけでなく，商品調達（procurement），販売価格決定（pricing），売場構成（selling floor allocation），商品陳列，ロジスティクス（logistics）を含むと考えることができる。品揃え形成過程に対しては商品管理（merchandise management）という概念を用いることができるだろう。

　さまざまな領域を一緒にして理論的な解説を行うことは混乱を招く。本書では，便宜的に，小売マーケティング・ミックスを，店舗開発（第6章），品揃え形成（第7章），販売価格の決定（第8章），ロジスティクス（第9章），マーケティング・コミュニケーション（第10章）に分けて説明する。第7章の品揃え形成では，商品構成，商品調達，売場構成，商品陳列を説明する。また，第11章では小売業者のインターネット活用を説明する。これは，店舗，商品，

ロジスティクス，マーケティング・コミュニケーションという複数次元に渡る内容である。

　なお，生産者，とりわけ，製造業者を念頭においたマーケティング・ミックスは，多くの場合，product（製品），price（価格），promotion（プロモーション），place（チャネル）という4つの次元で整理され，それら頭文字のPをもって，通常4Pという略語で表現される（McCarthy, 1964, pp.38-40）。これは記憶しやすさに配慮した表現であり，研究者と実務家一般に広まっている。

　小売業者にとって，店舗立地は固定的で，一度設置すると簡単には変更できない。したがって，小売マーケティング・ミックスにおいて，店舗開発とそれ以外の次元は同列ではない。店舗開発においては比較的長期の小売マーケティング目標達成に重点がおかれるのに対し，その他の次元においては比較的短期の小売マーケティング目標達成に重点がおかれる。短期的には，店舗を所与として，その他の次元の活動を計画することになる。

第6節　小売マーケティング業務の計画

　業務の計画は，企業にとって組織づくりに関わる。ここでは，小売マーケティング業務に必要な組織づくりの基本的考え方を説明する（Berman *et al.*, 2018, pp.294-297）。

　まず，小売業者は，小売マーケティング・ミックス各次元において必要な作業を割り出す必要がある。小売業者は自らでそれを行うのか，生産者，卸売業者，消費者，その他の機関に遂行してもらうのか決定しなければならない。例えば，在庫管理において，小売業者の在庫補充を小売業者自身が行うのか卸売業者が行うのか。あるいは，運送について，消費者が購買した商品を消費者自身が自宅に持ち帰るのか，小売業者がそれを消費者の自宅に届けるのか。これらを決定しなければならない。

　小売業者自身が行うことを決定した作業を複数束ねてグループ化する。例えば，店舗における，検品，商品陳列，清掃を1つのグループ，レジスター（register）の操作，決済，ギフト用包装を1つのグループとして，それぞれ売

場管理，キャッシャーという職務（job）とする[3]。職務は，店舗，地域，商品種類ごとにまとめられる。例えば，衣服について商品種類ごとに分けるならば，女性服の売場管理，男性服の売場管理に分けることができる[4]。

　複数の職務は 1 つの職能（function）にまとめることができる。例えば，売場管理，キャッシャーは店舗販売職という職能に含められる。また，多くの組織では職能別の組織構造を基本とする。例えば，小売業界では，店舗販売を担当する販売部，仕入品揃えを担当する商品部，店舗開発を担当する店舗開発部などの職能別組織構造を見ることができる。

　組織には階層（hierarchy）が設けられる。上位の管理者は，不測の事態に対応する，分業化された職務の調整を行う，職務の進行を監督するという役割を持つ。最上位の経営者は組織の戦略的な意思決定を行う役割を持つ。管理者の権限と管理の範囲（span of control）が決定される。管理の範囲は管理者が監督責任を持つ人員の数である。

　加えて，企業の組織づくりにとって，人的資源マネジメント（human resource management）を考慮しなければならない。まず，小売業者は必要な職務と人員を明確化する必要がある。そのうえで，職務にふさわしい人を選別して採用する。その人員が組織に適応し，能力を高められるように訓練する。さらに，各人員に対して動機づけのため達成可能な目標を設定する。そして，各人員の業績を評価して，報酬を支払う（Levy and Grewal, 2023, pp.400-412）。

第 7 節　業績の把握と評価

　売上高や営業利益などマーケティング目標が達成されたかどうか，設定した期間後，小売業者は実際の業績を把握する。そして，目標達成という観点でその業績を評価し，目標と業績との間の差異について分析する必要がある（Berman *et al.*, 2018, pp.521-525）。

　業績が目標を下回った場合，小売業者自ら統制可能な要素と不可能な要素に分けて，その原因を探る必要がある。マーケティング上のコントロール可能な

要素については，店舗，品揃え，価格，マーケティング・コミュニケーション，ロジスティクスなど次元に分けて，マーケティング戦略や業務計画に問題はなかったかどうか振り返る必要がある。業績が目標を上回った場合でも，その原因を探る必要がある。小売業者自らでは統制不可能な状況の変化によって，一時的に業績が上向きになった場合，不適切なマーケティング戦略が維持されたままになるかもしれない。この点を分析する必要がある。なお，この業績の把握と評価は商品統制と関連する。

　優良な他社の事例を指標として，小売業者自らの業績とそれとの差異を分析するベンチマーキング（benchmarking）も行われる。その対象は，地域や商品種類から見て当該小売業者と同一の市場にいる競合小売業者であるばかりでなく，競合関係にない自らとは異なる商品扱いの小売業者や海外の小売業者の場合もありうる。また，公的機関が調査した，産業別，業種別の経営実態調査報告書に記されている業績の代表値と比較することも有益である。

注

1）差別化と市場細分化とは補完関係にあるだけでなく，代替関係にあるという見解も存在する。その場合，差別化と市場細分化はマーケティングにおいて，別のアプローチであることを意味する。差別化は，企業がマーケティング・コミュニケーション活動によって，顧客の需要関数をある程度変更させることを意味する。この考え方については，Dickson and Ginter（1987, pp.1-3），Smith（1956, p.5）を参照のこと。

2）マーチャンダイジングは，どの商品を，どこで，いくらで，どのような方法で消費者に提供するのかという決定を含む。ただし，マーチャンダイジングという言葉にはさまざまな用例が存在し，その意義は不明確である。最広義には，小売マーケティング・ミックスすべてを含み，最狭義には商品開発を指す。また，インストア・マーチャンダイジング（in-store merchandising）やビジュアル・マーチャンダイジング（visual merchandising）という言葉があるが，これらは店舗内の商品陳列やレイアウトをマーチャンダイジングに含める見解に基づいている。

3）「作業に人を割り当てる」ことによって労働生産性を向上させる手法にレイバー・スケジューリング・プログラム（labor scheduling program: LSP）がある。時間経過やイベントの実施によって，商品の売れ行きや店内通行量が変動する。それに合わせて作業量を調整する必要がある。その作業量の増減に合わせて適正な人

員配置を行うのがLSPである。その前提として，計測された優秀な人員による作業時間に基づいた標準作業の策定が求められる。科学的管理法の発想がその根底にある（近間, 2020, pp.97-109）。

4）分業が過ぎると，人員は働く意味を失いがちになる。そこで，人員の受け持ち範囲を増加させる職務拡大（job enlargement）と，意思決定領域を人員に担当させる職務充実（job enrichment）が検討される（沼上, 2004, pp.79-81）。

第5章

消費者の購買行動

本章では，消費者の購買行動について解説する。まず，消費者の購買過程の概略を説明する。つぎに購買過程を商品購買と店舗出向に分けて説明する。さらに，消費者の購買行動に影響を与える要因について説明する。

第1節　消費者の購買過程

消費者の購買過程は，まさに消費者による商品購買にまつわる過程である。つまり，ニーズが生起してから商品購買へと至る過程である（購買後の評価も含む）。しかしながら，小売マーケティングにおいては，そこに店舗出向を考慮する必要がある（Levy and Weitz, 1996, p.62）。実際の消費者の購買過程においては，商品の選択・購買過程と店舗出向過程は，渾然一体で，両者同時並行であるが，便宜的に両者を分けて取り扱うことは可能である[1]。

消費者の商品購買や店舗出向・利用には，功利的行動（utilitarian behavior）の側面と快楽的行動（hedonic behavior）の側面が存在している（Babin *et al.*, 1994, pp.645-648）。功利的行動の側面は，消費者の問題解決行動としての購買行動であるといえる。いわば「仕事としての購買行動」である。快楽的行動の側面は，消費者の購買を楽しみや喜びのための行動と捉える。いわば「レジャーとしての購買行動」である。実際の消費者の購買行動において両者混在は珍しくない。

1．商品購買過程

消費者の商品購買過程は，ニーズの認知から商品購買へと至る。ただし，商品購買後の評価は次回の購買に影響を与えるため，商品購買過程に加える必要がある。**図表5-1**のように商品購買過程には，つぎの段階が存在する（Levy

図表5-1　消費者の商品購買過程

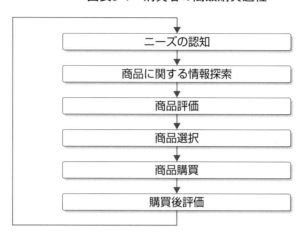

and Weitz, 1996, p.62)。

①**ニーズの認知**：消費者が満たされていないニーズに気づく段階である。

②**商品に関する情報探索**：消費者が，認知したニーズを満たしてくれそうな望ましい商品を選択するために，情報を得ようとする段階である。

③**商品評価**：品質・機能の優秀さ，デザインの格好良さ，価格の適切さ，アフターサービスの充実ぶりなどの評価基準に基づいて，候補となる商品・ブランドを評価する段階である。

④**商品選択**：消費者は購買する商品を最終的に選び出す。

⑤**商品購買**：消費者は実際に商品を購買する。

⑥**購買後評価**：商品購買後，消費者は購買した商品に関して満足・不満足を感じる。消費者は出向した店舗と商品の経験を自らの記憶にとどめ，次回の購買に活用する。

2．店舗出向・利用過程

　図表5-2のように，消費者の店舗出向・利用過程は，買い物動機の生起から店舗出向・利用へと至る（Levy and Weitz, 1996, p.62)。

80

図表5-2　消費者の店舗出向・利用過程

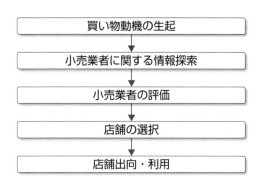

①**買い物動機の生起**：消費者において，ニーズ認知は買い物動機の生起につ
　ながる。店舗において消費者が買い物を行う動機は基本的には商品情報を
　獲得して必要な商品を入手することである。したがって，商品購買過程に
　おける商品に関する情報探索が契機となって，店舗の出向・利用過程が始
　まる。

②**小売業者に関する情報探索**：消費者は買い物動機に見合う小売業者をリス
　トアップするために，小売業者に関する情報探索を行う。

③**小売業者の評価**：消費者は，リストアップした小売業者について，商品構
　成の適切さ，マーケティング・コミュニケーションの適切さ，立地など利
　用の便利さ，店舗などの快適さ，販売価格の適切さなど，いくつかの評価
　基準に基づいてマーケティング・ミックスを評価する。

④**小売業者の選択**：前段階の評価にもとづいて，消費者は利用するのに望ま
　しい小売業者を選び出し，決定する。

⑤**店舗出向・利用**：消費者が実際に店舗に出向し利用する。

第2節　商品購買過程

前節で説明した商品購買過程における各段階について，ここで詳細に説明する。

1. ニーズの認知

ニーズの認知は，満たされていない消費ニーズに気づくことからはじまる。そして，消費ニーズの高まりによって，商品購買の動機は生じる。消費ニーズを理解するために，マーケティング研究において，Maslow（1970）のニーズ段階説に基づいて，消費ニーズを類型化してきた[2]。これによれば，人のニーズにはつぎの5段階を想定することができる。そして，①から⑤に向かって，人はより低次なニーズが満たされれば，より高次なニーズを満たそうとすると考えられる（**図表5-3**）。

①**生理的ニーズ**：人が生命を保つため食や睡眠を求める。

②**安全ニーズ**：人は治安，保護など安全を求める。

③**社会的ニーズ**：人は社会のなかで帰属，受容，愛情を求める。

④**尊敬ニーズ**：人は社会のなかで認知され，自尊心が満たされることを求める。

図表5-3　ニーズ段階

⑤**自己実現ニーズ（自己発達，達成）**：人は自己の成長を求める。

　消費ニーズは，消費者が生活を維持するために機能的に生じるだけでなく，社会のなかで良好な関係を構築すること，所属している社会階層やステイタスを表明することなどに関連して生じることが理解できる。

２．商品に関する情報探索

　消費者の商品に関する情報探索に関して，ここでは情報源，外部情報探索の程度，商品分類を取り上げる。

(1) 情報源

　消費者が情報探索する際の情報源は，大きく内部情報と外部情報に分けることができる。内部情報は，消費者本人の記憶であり，外部情報は，広告，マスコミ報道，販売員，友人，商品陳列など消費者本人以外の情報源からもたらされる情報である

　外部情報源には，個人的情報源（家族，友人，隣人，知人など），商業的情報源（広告，販売員，電子メール，webサイト，パッケージ，商品陳列など），公共的情報源（マスコミ報道，SNS，消費者団体など），経験的情報源（商品の試用）が含まれる（Kotler, *et al.*, 2022, p.92〔訳 pp.109-110〕）。

　消費者は内部情報をまず参照し，内部情報では不十分である場合には，外部情報を探索すると考えられる。

(2) 情報探索の程度

　消費者の購買過程の中心は，情報探索である。情報検索，とりわけ外部情報探索は同じ消費者でも商品によって程度が異なる。商品に関する外部情報探索の程度によって，消費者の情報探索行動を，つぎの３つに分類することができる（Howard, 1977, pp.21-128）。

　①**拡大的問題解決（extensive problem solving）**：消費者は，商品カテゴリー，ブランド双方において広範に情報探索する。

②**限定的問題解決（limited problem solving）**：消費者は，ブランド間比較
　を行うために外部情報を探索する。
③**日常的反応行動（routine response behavior）**：消費者は，外部情報探索
　をほとんど行わない。

　外部情報探索の規定要因として，関与（involvement）という概念が提唱さ
れてきた。関与は消費者の関わりを指しているが，それはこだわりや思い入れ
という言葉に関連する。関与レベルが高ければ，外部情報探索の程度が高まる
と考えられる。関与には，商品に対する関与と購買状況に関する関与がある。
　また，消費者個人の知識レベルも外部情報探索の規定要因の 1 つと考えるこ
とができる。先述のように，消費者は当該商品について内部情報を保持してい
なければ，外部情報探索に向かう傾向にある。
　関与レベルと知識レベルによって，外部情報探索を分類することができる
（Peter and Olson, 2010, p.177）。そして，消費者の情報探索行動分類をそれ
に当てはめることができる（**図表5-4**）。
　なお，購買状況に関する関与は，消費者が商品を購買し，消費・使用する際
に知覚するリスク（知覚リスク：perceived risk）に深く関連している（Bauer,
1960, pp.389-398）。知覚リスクとは，消費者が商品を購買し，消費・使用する
際に主観的に感じる何らかの危険のことである[3]。知覚リスクが高い場合，消
費者は購買状況に関する関与を高めると考えられるのである。すなわち，知覚
リスクは外部情報探索の規定要因となる。商品に関連する知覚リスクには，つ
ぎのようなものが考えられる（Jacoby and Kaplan, 1972, pp.382-393）。

図表5-4　消費者の情報探索行動分類

関与水準

知識水準		低	高
	高	限定的問題解決	限定的問題解決
	低	日常的反応行動	拡大的問題解決

①**パフォーマンスリスク**：商品をうまく使いこなせず，機能しない。
②**物理的リスク**：商品が破損してしまう。
③**身体的リスク**：商品が身体の生命・健康を害してしまう。
④**心理的リスク**：自己への不満や屈辱を経験してしまう。
⑤**社会的リスク**：商品の購買・使用が，準拠集団から認めてもらえない。

（3）商品分類

　流通研究においては，消費者の情報探索との関連で，最寄品，買回品，専門品の分類が，購買行動を説明するカギとして用いられてきた[4]。消費者の買い物努力，とりわけ，情報探索の程度に基づいて商品分類がなされている。
①**最寄品**：消費者が買い物に当たって，最小限の努力しか払おうとしない商品の種類である。消費者は商品の比較選択には時間を取らない。頻繁に，しばしば衝動的に購買される。標準化された低価格の商品であることが多く，消費者は居住地の近くの店舗で即座に入手することを望む。
②**買回品**：消費者が買い物に当たって，品質，デザイン，価格など商品に関する外部情報の探索を行うために，多くの時間や努力を費やすことを惜しまない商品である。消費者は店舗出向前には購入商品が特定できず，時には複数の店舗を訪問して，商品情報を獲得し，類似の商品・ブランドをいくつも比較して，購入を決定するような商品である。
③**専門品**：買い手にとって，きわだって重要なユニークな特徴を持つ商品であり，消費者が買い物に当たって，特定のブランドや特定店舗に揃えられている商品を購買することを決めている場合にその対象となる商品である[5]。消費者にとって，他の商品では代替することができず，購買するために大きな努力を払うこともいとわない。

3．商品評価

　情報探索の後，消費者は購買候補となる商品をリストアップし，それらについて評価を行う。この過程で商品の選択肢が絞られ，特定商品について購買意図が形成される。消費者が購買候補となる商品を評価するルールとして，補償

型（compensatory）と非補償型（non-compensatory）がある。

　補償型は，品質・機能，デザイン，価格，アフターサービスなどの属性ごと
に各商品を比較評価し，属性の重要度で重み付けして，それら評価の値を総計
し，総評価の最も高い商品を選び出すルールである[6]。

　非補償型は簡略化されたルールで，ヒューリスティックス（heuristics）と
呼ばれる。主なヒューリスティックスにはつぎのものがある（青木，1992，
pp.196-198）。

　　①連結型（conjunctive）：属性ごとに最低限満たすべき基準を設けておき，
　　　1つでもそれを下回った商品について切り捨てる。

　　②分離型（disjunctive）：属性ごとに受入可能な基準を設けておき，1つで
　　　もそれを上回った商品について選び出す。

　　③辞書編纂型（lexicographic）：属性を重要性によって順序付けておいて，
　　　最も重要性の高い属性で高評価を得た商品を選び出す。

4．商品の選択・購買

　商品評価に基づいて，消費者は商品を選択し，それを小売業者から購買する。
ただし，消費者は特定商品について購買意図を形成したとしても，購買しない
可能性がある。時間的・金銭的余裕がない場合には購買には至らない。

　また，消費者は計画的に商品を購買するとは限らない。非計画的購買を行う
ことがある。消費者の購買には，つぎの分類がありうる（Cobb and Hoyer，
1986，pp.384-409）。

　　①計画的購買（planned buying）：消費者は，店舗出向前に特定の商品カテ
　　　ゴリーと特定のブランドの購買意図を形成している。ニーズの認知は出向
　　　前に起きる。消費者は主に，出向前に広範な情報探索を行う。店舗内では，
　　　消費者は購買に時間をかけない。

　　②半計画的購買（semi-planned buying）：消費者は店舗出向前に特定の商
　　　品カテゴリーについては購買意図を形成しているが，特定ブランドについ
　　　ては，購買意図を形成していない。店舗内でブランド選択を行う。あらか
　　　じめ，購買を決定していたブランドを店舗内で変更して，それとは違うブ

ランドを選択することも含む。店舗内で問題の認知は出向前に起きる。消費者は，出向前と店舗内で広範な情報探索を行う。店舗内では，消費者はブランド間の比較のために時間をかける。

③**非計画的購買**：消費者は，店舗出向前に購買する商品カテゴリーとブランドをともに決定していない。問題の認知は，店舗内で起きる。限られた情報のなかで商品選択を行う。半計画的購買と比較して，店舗内では消費者は購買に時間をかけない。

　非計画的購買には，つぎの種類が存在する（青木，1989，p.70-75）。

◇**衝動型**：消費者は，店舗内で刺激を受けて，商品に対する欲求を高めて購買を決定する。

◇**想起型**：消費者は，店舗内で商品の必要性を思い起こして購買する。店舗内で特定商品に関連した別の商品を思い起こして購買する場合も含む。

◇**条件型**：消費者は，店舗出向前には買う商品を決めず，店舗内で商品を探索して，価格やその他の条件の良いものが見つかれば購買する。

5．購買後評価

　購買後，消費者は商品を消費・使用する。その結果，消費者はその商品・ブランドに対して評価を下す。購買前の期待レベルと比較して，その評価のレベルが高ければ消費者は満足を覚え，低ければ不満足を覚える。

(1) ロイヤルティー

　商品について満足であった時，消費者は次回の購買において，同じブランドを再度購買する（リピートする）かもしれない。ブランド・ロイヤルティー（brand loyalty）が形成されるのである。

　ロイヤルティーには行動と態度の2次元が存在する。この2つの次元において，高低を設定して分類すると，**図表5-5**に見られるような4つのロイヤルティーが浮かび上がる（Dick and Basu, 1994, pp.99-102）。

①**潜在的ロイヤルティー**：消費者は商品に満足し，高い好意的態度を形成しているが，他のブランドがより低価格である，多様な商品を求めるなどの

理由で，実際には同一ブランドを再度購買しない。

②**真のロイヤルティー**：消費者は商品に満足し，高い好意的態度を形成し，実際に同一ブランドを再度購買する。

③**ロイヤルティーなし**：消費者は商品に不満足で，好意的ではなく，同一ブランドを再度購買しない。

④**偽のロイヤルティー**：消費者は商品に不満足で，好意的ではないが，他のブランドが身近に入手できない，ブランド間の品質差に関心がないなどの理由で，同一ブランドを再度購買する。

真のロイヤルティーの場合，消費者が特定ブランドの購買に固執することを指す。ヒューリスティックスは，単純化されるといえる。

図表5-5　ロイヤルティーの分類

リピート購買

		低	高
相対的態度	高	①潜在的ロイヤルティー	②真のロイヤルティー
	低	③ロイヤルティーなし	④偽のロイヤルティー

出所：Dick and Basu（1994, p.101）を改変。

(2) 認知的不協和

商品に不満足であった時，消費者は後悔を覚えるかもしれない。とくに，購買しなかった競合ブランドが優れているという情報を消費者が得た時には，後悔の可能性は高まる。消費者はその場合，その感情に対処しなければならない。これは，Festinger（1957）が説を展開した認知的不協和（cognitive dissonance）の解消である。認知不協和の解消には，購買を支持すること，競合ブランドの情報を回避すること，購買の責任を他人に転嫁することが含まれる。マーケティング戦略上，購買の支持が重要視されてきた（Hunt, 1970, pp.46-51）。購買の支持は，消費者が商品に関する情報を購買後も探索し，自

らの購買の妥当性を確かめようとすることを指すが，それに対して，企業が情報提供などで対応する必要性が唱えられてきたのである。なお，不満足であった時，消費者は商品評価ルールを変更するかもしれない。すなわち，ヒューリスティックスを見直すかもしれない。

第3節　店舗出向過程

先述の店舗出向過程の各段階について，ここで詳細に説明する。

1．買い物動機の生起

消費者は，商品情報の探索と購買のために販売チャネルを訪れる。店舗に焦点を当てれば，消費者は，その他の目的でも店舗に出向する。消費者の商品情報の探索と購買以外の店舗における買い物動機には，つぎのものがあげられる（Tauber, 1972, pp.46-59; Westbrook and Black, 1985, pp.78-103）。

①**社会的役割**：夫，妻，友人などの社会的役割を果たすために，消費者は買い物を行うべく，店舗を訪れることがある。

②**気分転換**：気晴らしや刺激を得るために，消費者は店舗を訪れることがある。

③**社会学習**：新商品の発売，消費の動向などの社会の動きを知るために，消費者は店舗を訪れることがある。

④**肉体的運動**：店舗出向が肉体的運動になるため，それを求めて消費者は店舗に出かけることがある。

⑤**社交**：知人や店員と交流するために，消費者は店舗を訪れることがある。

⑥**地位・権威の確認**：店舗において消費者は顧客として店員から敬われるが，それによって地位・権威を保有している感覚を得るために，消費者は店舗を訪れることがある。

2．小売業者に関する情報探索と評価

小売業者に関する情報探索を踏まえて，消費者は出向・利用候補となる小売

業者を評価する。

(1)　小売業者に関する情報探索

　商品に関する情報探索同様，情報源を大きく内部情報と外部情報に分けることができる。内部情報は，消費者本人の記憶であり，外部情報は，消費者本人以外の情報源からもたらされる情報である。外部情報源には，個人的情報源，公共的情報源，経験的情報源が含まれる。消費者は内部情報をまず参照し，内部情報では不十分である場合には，外部情報を探索しようとするだろう。

(2)　小売業者の評価

　情報探索した後，消費者は，自らの買い物動機を考慮して，商品構成，立地・アクセス，雰囲気，接客，販売価格，付帯サービスなどの属性に基づいて小売業者を評価する。商品評価同様，補償型と非補償型という評価ルールがありうる。どの評価基準を重要視するのかは消費者によって異なるが，年齢，性別，居住地，所得などの消費者の属性によって分類することは可能である。

　ただし，この評価の際，消費者は買い物費用を考慮する。買い物費用が軽減されるかどうかが，評価の根底にあるといえる。消費者は商品の購買に当たっては，商品代金とともに買い物費用を負担しているのである[7]。消費者の買い物費用において，最も負担が大きいのが移動である。消費者の居場所から店舗までの距離が短ければ，距離が遠い場合よりも，当然消費者が交通費を始めとする買い物費用の負担は軽減される。したがって，消費者は，立地・アクセスを店舗評価属性として重視すると考えられる。なお，消費者の買い物費用は，販売価格以外の小売マーケティング・ミックスにおける工夫によって，軽減される。例えば，小売業者が商品構成の幅を拡大することによって，消費者は，1 カ所の店舗への 1 度の訪問で必要な商品を買い揃えることができる，ワン・ストップ・ショッピングの利便性を享受することができる。これによって，他の店舗へ再度訪問する可能性が減り，消費者の買い物費用が軽減されるかもしれない。また，公共交通機関や自家用車でのアクセスのしやすさも消費者の買い物費用の軽減に貢献するかもしれない。

3．店舗の選択・出向・利用

　小売業者の評価に基づき，消費者は店舗を選択し，出向し，そこを利用する。店舗出向に当たって，消費者は物理的移動をしなくてはならないため，そこには制約が存在する。先述の買い物費用を勘案すれば，金銭支出上の制約，時間的制約，身体的・心理的制約がありうる。すなわち，消費者が店舗出向を意図したとしても，交通費が負担できなくて出向できない場合，時間的余裕がなくて出向できない場合，身体的・心理的不調で出向できない場合がありうる。

　消費者は，店舗の出向・利用および商品購買によって満足を得ることができれば，ストア・ロイヤルティー（特定店舗に対するロイヤルティー，小売業者の事業ブランドに対するロイヤルティー両方を含める）を高めるかもしれない[8]。先述の通り，真のロイヤルティーに加え，潜在的ロイヤルティー，偽のロイヤルティー，ロイヤルティーなしがありうる。

(1) 商品閲覧行動（browsing）

　図表5-6のように，消費者の店舗における商品閲覧行動について，購買の時期と探索のあり方によって，4つに分類ができる（Moe, 2003, pp.30-32）[9]。消費者の店舗における商品閲覧行動は，問題解決のためだけでなく，楽しみのためや将来の購買に向けた学習のために行われる。

①**購買前閲覧**（directed buying）：購買する商品カテゴリーを既に決めている。商品・ブランドを選択するため，陳列された商品を確認して，商品・ブランド間の品質や価格の違いを検討する。

②**探索的閲覧**（search/deliberation）：消費者は購買する商品カテゴリーを既に決めているが，すぐに購買する予定はない。将来の購買に向けて，商品・ブランドを比較検討するために，陳列された商品を閲覧する。

③**快楽的閲覧**（hedonic browsing）：消費者は購買する商品カテゴリーも商品・ブランドも決めていない。楽しみのために陳列された商品を閲覧している。ただし，消費者は刺激を受けて衝動購買するかもしれない。

④**知識構築閲覧**（knowledge building）：消費者は購買する商品カテゴリー

も商品・ブランドも決めていない。将来の購買のために商品を閲覧して，知識を蓄積している。

図表5-6　消費者の商品閲覧行動

		探索のあり方	
		購買志向	探検的
購買時期	即時	購買前閲覧	快楽的閲覧
	将来	探索的閲覧	知識構築閲覧

出所：Moe（2003, p.30）の表を改変。

(2) 刺激に対する反応

　消費者の店舗内行動について，Mehrabian and Russel（1974）の環境心理学の知見を活かして，つぎのようにモデル化することができる（Donovan and Rossiter, 1982, pp.34-57）。店舗内で，商品陳列，広告，音楽などの刺激を受けると，消費者には喜び（pleasure）と覚醒（arousal）という 2 つの次元で情動がわき起こる（**図表5-7**）。喜びの次元は，店舗内において消費者が心地よい，もしくは楽しい気分を覚える程度を指し，覚醒の次元は，店舗内において消費者が気持ちの高ぶりを覚える程度を指している。

図表5-7　店舗内刺激に対する消費者の反応

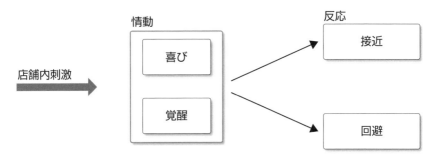

　そして，その感情によって，接近（approach），もしくは回避（avoidance）という反応を起こす。接近は，消費者が商品購買意欲を高めることを，回避は，消費者が商品購買意欲を低めることをそれぞれ意味する。

第4節　影響要因

　購買行動に影響を与える要因として，個人的影響要因（personal factors）と社会的影響要因（social factors）に分けて説明する。

1．個人的影響要因

　購買行動は，消費者の個人特性に影響を受ける。ここでは，個人特性として，年齢とライフ・サイクル（life cycle），職業と経済状態，パーソナリティ（personality）とライフスタイル（lifestyle）を取り上げる。

(1) 年齢とライフ・サイクル

　消費者である人は，加齢とともに身体的・心理的特性が変化するため，その購買行動も変化する。食べ物や衣服の好みが年齢に応じて変化することはよく知られている。例えば，加齢とともに体形が変化するため，高年齢の消費者は，若い消費者と比べて，衣服に着心地を求める傾向が強いかもしれない。また，若い消費者は，有名ブランドや新商品を好んで購買するかもしれないが，経験を積んだ高年齢の消費者は，それらの購買には慎重になるかもしれない。

　さらに，人は，ライフ・サイクルのなかで，進学，結婚，出産，転居，転職，離婚，配偶者の死別などを経験する。ライフ・サイクルにおける段階の識別には諸説あるが，家族の形成が重要なカギになる。結婚した夫婦に子供がいる場合には，その子供の発達に合わせて，その子供の養育，進学，就職，結婚を経験するだろう。それぞれの段階において，消費者の購買行動は変化する（井関，1969，pp.75-92）。例えば，乳幼児のいる家庭はベビーフードや低価格菓子の主要顧客であるが，その子供が中学校に進学した場合には，それらの商品を購買することはなくなるかもしれない。

(2) 職業と経済状態

　職業は，消費ニーズに影響を与える。事務系の専門職に就いている人は，コンピュータをはじめ，電子機器に強いニーズを感じるかもしれない。企業の営業担当者ならば，スーツやネクタイに強いニーズを感じるかもしれない。

　また，経済状態は商品選択や店舗選択に影響を与えるだろう。経済状態とは，所得，財産，借金をする時の信用度，消費と貯蓄に対する考え方のことである。一般に，景気が後退し，消費者の経済状態が悪化すると，贅沢と考えられる商品に対する需要は落ち込む[10]。

(3) パーソナリティとライフスタイル

　パーソナリティとは，周囲の刺激に対して比較的一貫した反応を継続的に示す個人の心理的特性のことである。購買行動との関連では，消費者のパーソナリティとブランド・パーソナリティ（brand personality）との合致が議論されてきた（Aaker, 1997）。ブランド・パーソナリティは，ブランド・イメージ（brand image）を比喩的に，人のパーソナリティのように表現したもののことである。例えば，その特性として，誠実，興奮，能力，洗練，無骨があげられ，どれかの特性を持つブランドは，それと同様のパーソナリティを持つ消費者を引き付けるといえる。ブランド・パーソナリティを拡張して，店舗パーソナリティを想定すれば，店舗選択についても考慮することができるだろう（Martineau, 1958, p.40）。

　ライフスタイルは，人の生活課題の解決および充足の仕方と表現することができる（井関，1979, p.16）。これは，個人において把握されうるが，共通するライフスタイルを持つ集団を識別することが可能である。ライフスタイルの次元として，活動（activity），関心（interest），意見（opinion）を設定することが通常である（Plummer, 1974, pp.35-41）。マーケティング研究においては，市場細分化との関係で言及されてきた。例えば，調査の結果，贅沢追求型，倹約型，余裕型のようなライフスタイルのパターンを抽出して，それを持つ集団を市場セグメントとして識別することが模索されてきたのである。

2．社会的影響要因

　購買行動は，消費者をとりまく社会的な要因に影響を受ける。ここでは，準拠集団（reference group）と文化（culture）を取り上げる。

(1) 準拠集団

　消費者の購買行動は，社会集団の影響を受ける。人の行動に影響を与える集団のことを準拠集団と呼ぶ。そこには，家族，学校，職場同僚，友人，職業協会，政党など，さまざまなものが含まれる。一般に，世間と表現されるものは，個人にとっては準拠集団である場合が多い。準拠集団における影響力の強い個人はオピニオン・リーダー（opinion leader）やインフルエンサー（influencer）と呼ばれる。準拠集団の影響は，行動や判断の基準を提供するもの（規範的影響）と，選択の際の比較情報をもたらすもの（比較的影響）がある。

　準拠集団は，つぎの点で分類することができる（Solomon, 1999, pp.338-340）。

　①**所属性**：個人が所属している集団なのか，所属していない集団なのかによって，準拠集団を分けることができる。所属していなくても，準拠集団にはなりうる。例えば，個人があこがれて，所属を望んでいる集団を準拠集団にしている場合がある。

　②**公式性**：集団が公式なのか，非公式なのかによって，準拠集団を分けることができる。公式な集団は，外部から識別しやすい。

　③**方向性**：個人に対する集団の影響が，肯定的なのか，否定的なのかによって，集団を分けることができる。肯定的な場合には，個人は準拠集団に受け入れられるような判断をし，否定的な場合には，その集団の態度や価値観を回避するような判断をする。

　準拠集団の購買行動への影響は，すべての商品分野や消費状況に一様ではない。影響を強く及ぼす分野や状況と，そうではない分野や状況が存在する。例えば，贅沢品の消費が他人に知られる状況においては，商品の選択とブランド

の選択両方で，準拠集団の影響は強いのに対し，生活必需品の消費が他人には知られない（自宅内で行われる）状況においては，商品の選択とブランドの選択両方で，準拠集団の影響は弱いことを指摘した研究がある（Bearden and Etzel, 1982, pp.183-194）。

(2) 文化

　文化は，社会における特定の行動様式を指す。文化は暗黙に人の行動を制約する。消費者の購買行動に対する文化の影響は，企業が国境を越えてマーケティング活動を展開する際に強く認識される。国際経営の研究においては，Hofstede（2001）が提示した次元に基づいて，各国間の組織や人々の消費行動の異同を見出すことが行われてきた。その次元には，権力格差，個人主義／集団主義，男性性／女性性，不確実性回避，長期志向／短期志向が含まれる。

　ヨーロッパ各国を対象に，各次元と消費行動との関連性を探った研究が存在する（De Mooij and Hofstede, 2002, pp.61-69）。それによれば，集団主義が強い国では，個人主義の国と比較して，食料品に対する消費支出割合が高い傾向にある。自宅に立ち寄った客をもてなすために食料品を用意しておくという。また，不確実性回避の強い国では，衣服や靴に対する消費支出割合が高い傾向にあるという。

　また，国内市場においては，下位文化の購買行動への影響に注目が集まる。地域，性別，世代，社会階層等によって下位文化を見出すことができる。下位文化の識別は，市場細分化に関連している。また，下位文化を集団に見出すことができれば，それは準拠集団による購買行動への影響を探究することになる。

注

1）顧客である消費者が，情報収集し，実際に商品を購買し，消費に至るまでの過程を旅にたとえてカスタマー・ジャーニー（customer journey）という。渾然一体化した実際の商品購買過程と店舗出向過程を把握することに役立つ。企業や研究者は，カスタマー・ジャーニーにおいて，実際の消費者の購買・消費過程の段階ごとに，企業と消費者との接点を捉えながら，消費者の行動を明らかにする。近年は，店舗とインターネットが連動した場面で，これを捉えることが多いため，

第11章で説明する。

2）消費者欲求を重視するというマーケティング・コンセプトと，肯定的な人間観を示すマズローの学説には，親和性があると指摘されている（松井，2001, pp.495-510）。

3）知覚リスクには，商品に関連するリスクと取引状況に関連するリスクが存在する。

4）消費者の購買慣習による商品分類については，さまざまな見解がある。商品分類に関する見解について，詳しくは，大橋（1995, pp.34-61）を参照のこと。

5）専門品の識別については，古くから論争がある。つぎのような解釈が，よく知られている。専門品と最寄品との区別は，特定品目に固執するか，それとも品目間で代替可能かどうかによる（専門品は前者）。また，専門品と買回品との区別は，買い物出向前に特定品目に対する明確な選好が存在するかどうかによる（専門品は選好が存在する）。詳しくは，Bucklin（1963, pp.50-55）を参照のこと。

6）消費者は，対象となる商品を評価する際，商品属性に基づくよりも，過去の類似した経験に基づいて評価し，選択・購買へと至る場合がある。詳しくは，郷（2021）を参照のこと。

7）消費者の買い物負担は，商品価格と買い物費用で構成される。小売業者が消費者の買い物負担を軽減するためには，商品価格を下げるか，価格以外の小売ミックスを工夫して買い物費用を軽減させるか，大きく分けて2つの方向性がある。詳しくは，江尻（1992, pp.186-188）を参照のこと。

8）商品購買後の店舗に対する満足／不満足は，商品に対する満足と総合化され両者不可分であるという考え方と，両者は影響を与え合うものの独立して存在するという考え方がある。高橋（2008, pp.260-277）によれば，百貨店については総合化されているという考え方のほうが説明力があるという。

9）Moe（2003, pp.29-39）は店舗における消費者の商品見回り行動を考察した後，それをインターネットに応用して論究している。したがって，この4つの分類は，店舗，インターネット双方に適用可能である。

10）経済状態が悪くなった際，かえって高級品を買う消費者も存在する。その理由として，消費者が，長期間の使用に耐えられる品質の高い商品を購入することで結果として支出を減らす意図を持つことや，生活必需品の購入に対しては支出を抑え，その一方で，趣味や娯楽に関連する商品については，高級品を買って，生活の「うるおい」を求めることが考えられる。

第3部

小売マーケティング・ミックス

第3部では，小売マーケティング・ミックスについて学習する。マーケティング・ミックスは顧客愛顧を獲得するための手段の集まりと考えることができる。ここでの学習のポイントは，小売業者が売上高および利益を得るために講じるさまざまな手段を理解することである。

第6章では，店舗開発に関する理論的知見を学ぶ。第7章では，品揃えと商品調達に関する理論的知見を学ぶ。第8章では，販売価格の決定方法とその変更に関する考え方を学ぶ。第9章では，販売計画から商品統制に至る在庫管理の体系を学ぶ。第10章では，マーケティング・コミュニケーション手段とその計画について学ぶ。第11章では，小売業者のインターネット活用について学ぶ。

第**6**章
店舗開発

本章では，店舗開発について解説するが，小売業者の新規出店を念頭において，立地(location)と店舗設計(store design)について取り上げる。

第1節 立地

小売業者が立地を決定するためには，地域評価，立地点選定，収益性予測を行う必要がある。また，多店舗展開の場合，いくつかの留意点が存在する。

1．地域評価

地域評価のためには，小売業者は評価データを収集した後，当該地域が消費者を顧客として引き付ける力（顧客吸引力）をどの程度有するのかを把握する必要がある。

(1) 評価データ

候補となる地域について，外部環境のうち，市場環境，経済環境，法・政治環境に関するデータを収集し，分析する必要がある。

立地場所としての地域を評価するためには，とくに，つぎの項目を注視する必要がある（神谷，1978，pp.51-52）。

①**人口**：昼間人口と夜間人口，それらの変化率。

②**購買力**：居住者の所得と消費性向。

③**消費ニーズ**：消費者の商品に対するニーズ，小売業に対するニーズ。

④**競争**：競合する小売業者の動向，市場シェア。

⑤**商品調達**：商品の入手可能性。

⑥**法規制**：出店や営業に関する規制。

⑦**交通インフラストラクチャー**：道路状況，公共交通機関の利用可能性。

(2) 顧客吸引力

　地域に顧客を引き寄せる魅力が備わっている場合，当該地域内に所在する消費者だけでなく，周辺地域の消費者をも顧客として吸引する。したがって，当該地域の吸引力を測定する必要がある。地域を都市と置き換えて，その顧客吸引力を測定するためのモデルを説明する。ライリー・モデル（Reilly model）とコンバース・モデル（Converse model）が著名である。

　消費者は，居場所から店舗に出向する際，都市内の移動に限らず，都市間を移動することがある。都市の持つ顧客吸引力が消費者の店舗出向に影響を与えるかもしれない。消費者の買い物努力の小さい最寄品購買の場合よりも，商品の比較を行うために複数の小売店を回ることが多い買回品を購買する場合のほうが，都市の顧客吸引力は重要になるだろう。

　1）ライリー・モデル

　ライリー・モデルは，買い物施設を備えた2都市A，Bが競合して，それらの中間地Cから顧客を獲得している状況において，2都市がそれぞれどの程度取引量を得るのかについて推計するモデルである（Reilly, 1931）。2都市A，Bは，人口に比例して，中間地Cからの距離の2乗に反比例して取引量を吸引するという考え方に基づいて，当該モデルは発案された（**図表6-1**）。

図表6-1　ライリー・モデルの考え方

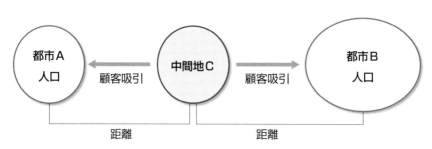

$$\frac{Ba}{Bb} = \frac{Pa}{Pb} \times \left(\frac{Db}{Da}\right)^2$$

Ba は都市Aが中間地から吸引する取引量
Bb は都市Bが中間地から吸引する取引量
Pa は都市Aの人口
Pb は都市Bの人口
Da は都市Aと中間地との間の距離
Db は都市Bと中間地との間の距離

　なお，ライリー・モデルでは，顧客吸引力を人口で捉えている。したがって，都市の商業的魅力を明確に規定してそれから顧客吸引力を捉えているわけではない。

　2）コンバース・モデル

　ライリー・モデルを発展させたのがコンバース・モデルである（Converse, 1949, pp.379-384）。コンバース・モデルは，買い物施設を備えた2都市が競合して，互いに顧客を吸引している状況において，2都市のうちどちらかを基準都市として，それが競合都市からどの程度購買力を得るのかについて推計するためのモデルである。ライリー・モデルと同様に，都市は人口に比例して，都市間の距離の2乗に反比例して，購買力を吸引するという考え方に基づいて，当該モデルは発案された（**図表6-2**）。

図表6-2　コンバース・モデルの考え方

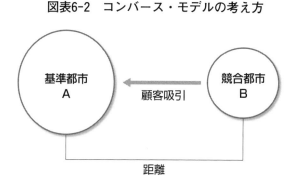

$$\frac{\text{Ba}}{\text{Bb}} = \frac{\text{Pa}}{\text{Hb}} \times \left(\frac{4}{\text{d}}\right)^2$$

Ba は都市Aが都市Bから吸引する購買力
Bb は都市Bにとどまる購買力
Pa は都市Aの人口
Hb は都市Bの人口
d は都市A，B間の距離
4は慣性距離因子

　なお，ライリー・モデルと同様，コンバース・モデルは，顧客吸引力を人口で捉えている。したがって，都市の商業的魅力を明確に規定してそれから吸引力を捉えているわけではない。

2．立地点選定

　立地点の選定に当たって，小売業者は立地の種類と商圏（trading area）を理解したうえで，それを評価する必要がある。

(1) 立地の種類
　店舗の立地点には，大きく分けて商業集積立地と単独立地（freestanding site）が存在する。

1）商業集積立地
　商業集積にはショッピング・センターと商店街が含まれる。双方とも単独立地と比べれば，強い顧客吸引力を持つので，歩行者あるいは自家用車の通行量（traffic）は多いといえる。ただし，その内部において通行量は偏っている。とくに，商店街は計画的な商業集積ではないため，そのばらつきが大きい。
　商業集積においては，消費者は複数店舗を容易に訪ねることができる。したがって，消費者は店舗間比較購買が容易にできる。このことは商業集積の魅力である。しかしその一方で，競争者が商業集積内に存在するため，その内部において競争が激しくなることが多い。
　小売業者がショッピング・センター内に小売店を出店する場合，当該小売店

はショッピング・センターのテナントとして入居することになる[1]。その時，当該小売店は，営業時間やマーケティング・コミュニケーション活動についてはショッピング・センターの計画に従わなくてはならない。つまり，営業上の自由度は比較的低い。ショッピング・センターには駐車場，休憩所，トイレなど共有施設が設けられているため，小売業者が独自にそれらを設置する必要はない。ショッピング・センターへ入居し，テナントとして小売店を営業するために，小売業者はその対価をディベロッパーに支払わなくてはならない。

　ショッピング・センターとは違い，駐車場，休憩所，トイレなどを共有施設として有しない商店街が存在する。こういう場合には，小売業者が独自にそれらを設置する必要が生じる。商店街において統一のマーケティング・コミュニケーション活動を行う例があるが，小売業者の営業上の自由度は，ショッピング・センターと比較すれば高い。用地の取得費用や店舗の賃貸料は比較的高い。

　２）単独立地

　単独立地とは，商業集積を形成していない場所における店舗立地のことである。そこに立地する店舗は，他の店舗とは空間的なつながりを持たない。郊外や住宅地などに，そのような地点は存在する。

　基本的に単独立地は，自家用車でのアクセスが前提であることが多い。したがって，自家用車の通行量が期待できる場所が望まれる。単独立地点では複数の小売業者間を訪ねることが容易ではないので，消費者による店舗間比較購買は容易ではない。しかし，競争者が近接していないので，周辺地域において高い市場シェアを獲得することが可能である。小売業者の営業上の自由度は高い。また，用地の取得費用や店舗の賃貸料は比較的低い。

(2)　商圏

　消費者が特定商業施設に出向く可能性のある地理的範囲のことを商圏という。小売業者は立地点の選定に当たって，商圏を考慮する必要がある。

　１）商圏分類

　商圏は，来店確率や来店頻度などによって，１次商圏（primary trading area），２次商圏（secondary trading area），３次商圏（tertiary trading area）

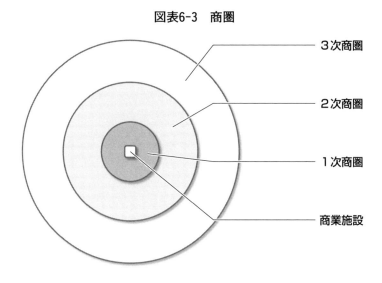

図表6-3　商圏

3次商圏

2次商圏

1次商圏

商業施設

に分ける場合がある（**図表6-3**）。その分類の基準は論者や小売業者によってまちまちであるが，例えば，地区の全消費者のうち50〜70％が来店する範囲を1次商圏，20〜30％が来店する範囲を2次商圏，これら以外で来店する可能性のある範囲を3次商圏と分けることができる（Levy and Grewal, 2023, pp.252-253）。小売業者は商圏分類ごとに異なるマーケティング・コミュニケーション活動を計画することによって，効果的なコミュニケーションを実現することが可能になる。

　2）商圏推定

　候補地点の商圏がどのぐらいの広がりを持つか推定する簡便な方法としては，地図上で候補地点からの距離・移動時間や公共交通機関の利用可能性を確認して推定する方法，官公庁や調査機関が実施した商業実態調査や買い物動向調査を用いて推定する方法などが考えられる。また，既存店舗の場合，会員カードなどによって居住所を含む顧客データを把握していれば，それから商圏を把握することが可能である。顧客データと販売データとを紐づければ（顧客ID付きPOSデータ），顧客の購買頻度や購買金額を踏まえて商圏を把握することが

可能である。

　しかし，これらは消費者の実際の購買行動や購買動機を考慮していないので，実態を反映しない推定をしてしまう可能性がある。したがって，小売業者は実地調査によって商圏を推定する必要がある。実地調査にはつぎの方法がある（神谷，1978，pp.68-70）。

①**訪問調査**：調査員が候補地店周辺の各家庭を訪問し，出向する店舗を尋ねることによって商圏を推定する。

②**ドライブ・テスト**：調査員が実際に地域を徒歩や車で動いてみて，交通状況を勘案しながら推定する。

③**店頭調査**：すでに店舗が営業している場合，実際の来店客に調査票による調査を実施し，その各居場所から推定する。その際には，来店動機，所要時間，利用交通機関なども併せて調査できる。

　なお，商圏は，店舗を中心として円状に広がっているとは限らない。商圏は，地形，道路状況，公共交通機関の利用可能性，競争者の顧客吸引力に影響を受ける。そのため，商圏は，ゆがんだ形状になることが通常である。実地調査では，そのことを確認する必要がある。

　3）商圏の大きさ

　商圏の大きさは，店舗の種類，店舗の独自性，立地特性，商品構成などによって影響される。売場面積が同じ店舗であっても，その商圏の大きさは異なるのである。

　例えば，コンビニエンス・ストアと専門店では商圏の大きさは違う。コンビニエンス・ストアは食料品と日用雑貨品を中心とした商品構成で，顧客が困った時に必要な商品を買うことができるという利便性を便益としているので，一般的に商圏は狭い。専門店は特定の商品分野について深い商品構成を保持しているため，近隣の店舗では入手できない商品を求めて遠方から顧客が来店する可能性がある。したがって，一般的に商圏は広くなりがちである。また，そこでしか入手できない商品を販売している，格別の低価格販売を実現しているというような独自性を店舗が有している場合には，その商圏は広くなりがちであ

る。

　店舗の立地が単独立地なのか，商業集積内立地なのかによって商圏の広がり
は異なる。個別の店舗よりも商業集積は強い顧客吸引力を持つため，単独立地
に比べて商業集積内立地の店舗の商圏は広い。また，商業集積において，幹線
道路や高速道路に近接するショッピング・センターは，そうではない道路に近
接するショッピング・センターと比べて商圏は広い。

(3)　立地点の評価

　商圏の推定を踏まえて，小売業者は立地点を評価する必要がある。後に説明
する収益性予測によって小売業者は立地点を評価するが，それに先立ち，簡便
な方法であるチェック・リスト法（check list method）を用いて評価すること
が多い。

　評価項目として，つぎのものがあげられる（Levy and Grewal, 2023,
pp.248-251）。

①**アクセスの容易さ**：自家用車によるアクセスを中心とするならば，候補地
　　点周辺の道路状況，歩行者のアクセスを中心とするならば，公共交通機関
　　の利用可能性。

②**通行量**：候補地点周辺の自家用車もしくは歩行者の通行量。

③**視認性**：自家用車もしくは歩行者が候補地点にアクセスする時，消費者が
　　ただちにそこを見つけることができるかどうか。

④**費用**：用地や店舗の取得もしくは賃貸にかかる費用。

⑤**駐車・駐輪施設の有無**：候補地点に駐車場や駐輪場が備わっているかどう
　　か。備わっていない場合，設置することができるかどうか。

⑥**競争**：商圏内に強力な競争者が存在するかどうか。

⑦**近接店舗**：他の店舗が候補地に近接して存在するかどうか。複数の店舗が
　　近接することによって，品揃えや顧客サービスを補完したり，競争によっ
　　て顧客にとって比較購買の魅力を生み出したりする。結果的に通行量を増
　　加させることがある。

3．収益性予測

　小売業者は，候補となる立地点において開店した場合，収益性の点からそれが存続可能かどうか判断する必要がある。とくに，存続に十分な売上高が獲得できるのかどうかを予測することは重要である。

　簡便な方法として，既存店舗のデータを参考に開店予定店舗の売上高を予測する類推法（analog approach）がある。また，売上高に影響を及ぼす要因を設定して，売上高の予測をする手法に回帰分析（regression analysis）がある。さらに，新店舗の売上高予測に役立つ理論的説明として著名なものとしては，ハフ・モデル（Huff model）による予測がある（Huff, 1964, pp.34-38）。

(1) 類推法

　類推法は，開店予定店舗と比べ，店舗面積，品揃え，地域などにおいて同様の状況下で営業している自社既存店舗のうち，成功している店舗をとりあげ，その売上高やその他データを基に，開店予定店舗の商圏や売上高を予測する方法である。入手可能であるならば，自社店舗以外に，他社の既存店舗のデータを用いることもありうる。

　類推法は簡便ではあるが，問題点を有している（Craig *et al.*, 1984, p.21）。どの既存店舗を参照対象とするのかは分析担当者の能力に依拠する。また，競争を直接考慮しない。参照対象を選択する際に競争状況が考慮されるのみである。したがって，適切な対象店舗を選択しなければ，予測の精度は落ちる。

(2) 回帰分析

　回帰分析においては，既存店舗の売上高に影響を与える要因は新店舗の売上高にも同様に影響を与えると仮定して，その要因をもとに計量モデルを構築する（今野，2019, pp.63-71）。要因を1つのみ設定する回帰分析を単回帰分析（simple regression analysis）といい，複数の要因を設定するものを重回帰分析（multiple regression analysis）という。重回帰分析が多く活用されている。

$$Y = a + bX_1 + CX_2 + dX_3 \cdots$$

Yは目的変数（売上高）
aは定数項（切片）
b，c，dは偏回帰係数（傾き）

　上記の式のように，複数の要因が小売店舗の売上高に影響を及ぼしていると仮定し，実際の既存店舗のデータから，定数項や偏回帰係数を推定していく。要因および推定された定数項と偏回帰係数に基づいて新店舗の売上高予測モデルを構築する。例えば，要因として，店舗面積，店舗併設駐車場の面積，商圏内世帯数などが設定可能である。この場合，既存店舗の実際の店舗面積，駐車場の面積，商圏内世帯数，店舗売上高のデータから，定数項や偏回帰係数を推定していく。

　定数項や偏回帰係数の推定のためには，多数の店舗に関するデータが必要である。したがって，重回帰分析はチェーンストア経営を採用して，標準化店舗を多く展開している小売業者にとって，利用可能である。しかし，展開している店舗の少ない小売業者には利用は困難である。このような小売業者にとっては，先述の類推法が有用であると考えられる。

(3)　ハフ・モデル

　ハフ・モデルは，**図表6-4**に見ることができるように，買い物施設が競合するなか，特定地区の消費者を当該買い物施設がどれくらいの割合で顧客として吸引することができるのかを推定するために用いられる計量モデルである。

　このモデルでは，つぎのような消費者の空間行動を想定している。消費者が店舗出向に際して負担する買い物費用は，買い物起点から店舗への移動距離が長くなれば長くなるほどより増大する傾向にある。移動距離は消費者の店舗出向に対する抵抗要因であるといえる。各店舗の商品構成や販売価格などの小売

図表6-4　ハフ・モデルの考え方

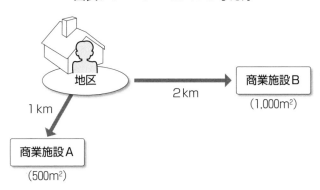

マーケティング・ミックスが一様であるならば，消費者は買い物起点からより近い店舗に出向しようとするだろう。

　しかしながら，通常各店舗の小売マーケティング・ミックスは多様である。しかも，消費者にとって小売マーケティング・ミックスがより魅力的な店舗とそうでない店舗が存在する。消費者の移動距離に関係する立地以外の小売マーケティング・ミックス，すなわち，品揃え，販売価格，マーケティング・コミュニケーションなどは，顧客吸引要因であるといえる。このうち，重要な要因が品揃えである。基本的に商品入手のために消費者は店舗を訪れるので，その可能性が高まる豊富な品揃えの小売店を消費者は選好すると考えられる。

　ハフ・モデルは，店舗，商店街，ショッピング・センターなどの買い物施設は，その売場面積の大きさに比例し，所在地からの距離（もしくは時間）に反比例して顧客を吸引するという考えに基づいて構築されている。このモデルでは，買い物施設の魅力を品揃えに限定し，売場面積で代表させている。つまり，売場面積が大きくなれば，品揃えが充実し，買い物施設の魅力度が増すということが想定されているのである。

$$P_{ij} = \frac{\left(\dfrac{S_j}{D_{ij}^{\lambda}}\right)}{\left(\sum\limits_{j=1}^{n} \dfrac{S_j}{D_{ij}^{\lambda}}\right)}$$

P_{ij} は地区 i の消費者が，商業施設 j で買い物をする確率
S_j は商業施設 j の売場面積
D_{ij} は地区 i から商業施設 j までの距離
λ はパラメーター
n は競合施設数

　ハフ・モデルは，特定地区に所在する消費者の特定商業施設への出向確率を計算する。その確率に特定地区内の消費者の消費支出予測額を乗じれば，当該商業施設の期待売上高を算出することができる。

4．多店舗展開

　小売業者は，追加1店舗による利益の増分が追加1店舗による費用の増分を上回る限り，店舗を増やす動機があると考えることができる。一定地域内に複数の店舗を展開する場合，規模の経済性（economies of scale）とカニバリゼーション（cannibalization）を考慮する必要がある（Levy and Grewal, 2023, pp.246-248）。

(1) 規模の経済性
　一般的に，チェーン・オペレーションを採用して店舗展開を行う場合，展開する店舗が増え，販売力が増大するにしたがい，商品の大量調達によって，調達先に対する交渉力が増大する可能性が高まる。店舗数の増加は調達条件の改善，ひいては調達価格の低下につながる。
　一定地域において，チラシやインターネット広告などの店舗外広告にかかる費用は，1店舗の時と複数店舗の時では大きな差はない。一定地域において，多店舗展開によって，小売業者の広告活動の効率は向上するといえる。また，一定地域において，配送センターを設置して店舗に対する商品配送を小売業者が行う場合，配送センター設置にかかる費用は1店舗の時と複数店舗の時では

差がない。一定地域において，多店舗展開によって，小売業者の物流活動の効率は向上するといえる。

(2) カニバリゼーション

　一定地域に多数の店舗を展開した場合，自社店舗間で顧客を奪い合う現象が生じるかもしれない。カニバリゼーションである。カニバリゼーションを避けることが望ましいと考えることが通常であるが，小売業者にとっては，個々の店舗ではなく，企業全体での売上高や利益を向上させることを勘案して，あえてそれを避けない意思決定をすることがある。

　つぎの理由から小売業者が意図的にカニバリゼーションを起こすことがある。まず，一定地域の有望な地点を自社店舗で埋めることによって，競争者の出店を阻むことができる。また，消費者の自社店舗での購買経験を増大させ，小売業者に対するロイヤルティーを高めることができる。

　ただし，フランチャイジングによって店舗展開している場合には，つぎの問題が生じる。すなわち，フランチャイザーはチェーン全体の利益を考えて，あえてカニバリゼーションを許容したとしても，フランチャイジーは個々の店舗の利益を優先する。フランチャイジーにとっては，カニバリゼーションによる自らの店舗の売上高や利益の減少は存続にかかわる。したがって，カニバリゼーションは両者の間で深刻な紛争が起きる可能性がある。

第2節　店舗設計

　店舗構造，什器，雰囲気構築のための店舗内刺激，商品，各種プロモーション用具，従業員，顧客などが総合して店舗内の環境を構成している。ここでは，店舗設計として，店舗構造（store structure）と店舗内雰囲気（atmospherics）を説明する。

1．店舗構造

店舗は，売場を中心に，倉庫，休憩所などを備えている。売場を中心とした

店舗構造の決定は，売場の階層，同一階層におけるレイアウト（layout）の決定が基本である。その際，動線を考慮する必要がある。

(1) 階層

　店舗には，階層の観点から大きく分けて，平屋構造と多層階構造が存在する（**図表6-5**）。平屋構造は1階部分のみが売場になっている店舗構造である。多くの小売店に採用されている。多層階構造は複数階に売場が設けられている店舗構造である。これは，狭隘な土地を有効活用して広い売場を確保するための工夫である。大型店において多く見られる。

　売場面積が同じ多層階構造店舗と平屋構造店舗とでは，比較すると多層階構造店舗のほうが営業費用は高い傾向にある。各階にレジスターや休憩所を設置する必要に迫られる場合があると，小売業者はそれらの設置にかかる費用を負担し，それらに対応する従業員を配置する必要性が生じる。上層階への顧客の移動負担を軽減するためにエスカレーターやエレベーターを設置する場合，小売業者はそれにかかる費用を負担しなければならない。

　多層階構造では，各階で顧客の回遊が途切れがちである。したがって，小売業者は，購買頻度や商圏の広がりを考慮して，階ごとに，商品分野を変える，あるいはターゲットを設定するという売場を構成することが一般的である（渥美，1992，pp.33-34）。

(2) レイアウト

　レイアウトは売場における通路と商品陳列の配置を示す。レイアウトには，

図表6-5　店舗の構造

図表6-6　格子型レイアウト

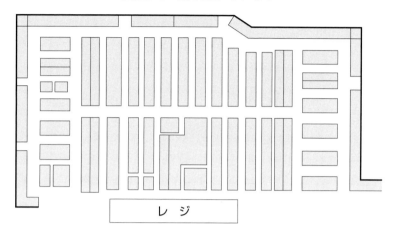

レ　ジ

つぎのような代表的なパターンが存在する（Levy and Grewal, 2023, pp.481-484；Sullivan and Adcock, 2002, pp.142-146）。

①**格子型（grid）**：セルフサービスを採用している小売店で多く見られる型である（**図表6-6**）。通路と陳列棚が平行に配置されている。通路は直線で，顧客は陳列棚の端から進入する。他の型と比較して，一定の店舗内空間において，最も多く商品を陳列して顧客に提示することが可能である。また，小売業者は顧客の店舗内移動を操作しやすい。つまり，その移動経路をあらかじめ想定して，商品提示を行うことができる。ただし，従業員は顧客に対して十分な対面での対応が難しい。

②**自由通行型（free flow）**：衣料品専門店でよく見られる型である。小売業者はあらかじめ顧客の移動経路を想定しない（**図表6-7**）。つまり顧客は自由に店舗内を通行し，商品を見ることができる。顧客の店舗内回遊に要する時間は比較的長い。陳列用の什器は，ゴンドラ，平台，ハンガーラックなど数種類を使用する。販売員は顧客と接触して情報提供を行いやすい。ただし，店舗内空間を効率的に活用することは難しい。同じ売場面積では，格子型に比べて，陳列できる商品の量は少ない。また，顧客の移動経路は

図表6-7　自由通行型レイアウト

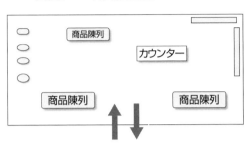

小売業者側で操作できないため，多くの通行量を許容することができない。

③**競技場型**（racetrack）：店舗内のさまざまな売場に顧客を誘導するように店舗内を周回する主要通路が設置される型である（**図表6-8**）。比較的大規模な店舗において採用される。小売業者は売場をいくつかに分割して区域をつくり，各区域を特定商品カテゴリー（もしくはブランド）の陳列・販売用に割り当てる。これは「店舗内店舗」をつくり上げることになる。各区域にはレジスターが置かれる。店舗内空間の効率的活用の程度は格子型と自由通行型の中間である。各区域間に空間を設け，それを通路とする。

図表6-8　競技場型レイアウト

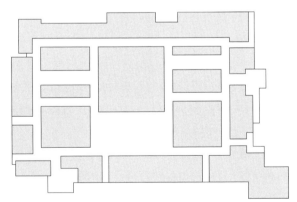

　小売業者は顧客の移動経路を緩やかに操作することができる。顧客の店舗内回遊に要する時間は比較的長い。販売員は顧客と接触して情報提供を行いやすい。

（3）　動線

　店舗における人や商品の動きの経路を，動線と呼ぶ。小売業者は店舗設計の際にこの動線を考慮する必要がある。動線には，顧客動線，接客動線，作業動線，生活動線，商品動線がある（神谷，1978，pp.103-104）。このうち最も重要な動線は顧客動線である（**図表6-9**）。顧客動線計画は売場構成に関連している。売場構成については，第7章で説明する。

　顧客動線は顧客の商品探索に影響を与える。すなわち，非計画的購買の生起に影響を与えるのである。小売業者にとっては，顧客にはできる限りくまなく売場を動いてもらい，店舗内滞留時間を延ばすことが望ましい。それにより，顧客にとって，商品陳列に立ち寄る機会が増え，商品情報をより多く入手し，非計画的購買生起の可能性が高まる（加藤，2016，pp.59-66）。したがって，小

図表6-9　顧客動線の例

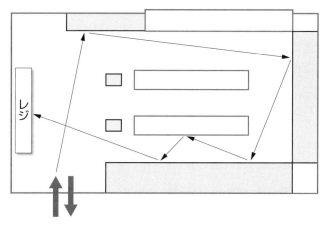

注：矢印は顧客動線を示している。

売業者は顧客動線をあらかじめ想定して店舗設計および売場構成を案出することが望ましい。顧客動線を想定・計画する際には回遊性を考慮する必要がある。

　回遊性を高め，顧客の買い物満足度を高めるためには，店舗内の混雑回避を工夫する必要がある[2]。このため，顧客が移動するのに十分な通路幅を確保すること，移動の障害となるような用具を通路に置かないこと，店舗内に売場・施設の誘導表示を置くことなどの工夫が求められる。顧客動線が長い大型の店舗では，顧客が買い回り途中に休憩をとることができる施設を設置することも重要である。

２．店舗内雰囲気

　店舗内の刺激による人の感覚への影響を操作することによって，店舗内の雰囲気が構築される。店舗内の雰囲気は第5章で説明した消費者の店舗内行動に関連している。店舗内の刺激が顧客に喜びもしくは覚醒の情動を引き起こし，つぎにその感情が接近もしくは回避という反応を起こす。

　人の感覚には，視覚（visual），聴覚（aural），嗅覚（olfactory），触覚（tactile），味覚（taste）が存在する。これらについて，近年，感覚マーケティング（sensory marketing）としてさまざまな研究がまとめられ，店舗内雰囲気研究と関連づけられている（石井・平木, 2016, pp.52-71；Krishna, 2013〔訳, 2016〕）。5つの個別感覚ごとの研究が存在する。しかしながら，感覚刺激は複合化して顧客の購買行動に影響を及ぼすのが通常である。また，感覚刺激間，感覚刺激と消費者特性，感覚刺激と商品特性などの適合性によって，購買行動への影響が変化する[3]。つぎに，研究が進んでいる，視覚，聴覚，嗅覚について，それぞれ独立した店舗内雰囲気研究を紹介する[4]。

(1) 視覚

　視覚に関する研究で焦点が当てられてきたものの1つが色である。色による人の心理への影響については，生理学や心理学の分野で研究が積み重ねられてきた[5]。そして，その成果が消費者の店舗内行動研究に応用されてきた。一般的に，色相（hue）について暖色（warm color）と寒色（cool color）との対

比による心理的影響が取り上げられる（Bjerstedt, 1960, pp.31-34; Sullivan and Adcock, 2002, pp.151-153）。

　暖色は，赤，黄などの系統の色のことで，暖かい感じを与えるのでその呼び名がある。一般的に，暖色は人を引き付ける色，覚醒させる色であるといわれる。また，暖色は先端的な印象を与えるともいわれる。寒色は，青，緑などの系統の色のことで，寒い感じを与えるのでその呼び名がある。一般的に，寒色は人をリラックスさせる色，抑制に結びついた色であるといわれる。

　暖色は，買い物時には顧客の意思決定時間を速まらせる傾向がある。つまり，店舗において顧客がじっくりと時間をかけて商品を吟味することを遮る可能性がある。顧客が衝動買いを起こすような状況，低関与の商品を購買する状況では，商品提示において暖色の使用は適しているかもしれない。先端的な印象を与えるという特質を考慮すれば，流行商品の提示にその色を使うことは適当であるかもしれない。また，人を引き付けるという特質を考慮して，店舗の外装や案内看板に暖色を使うことが多いと考えられる。

　その一方で，寒色は，買い物時には顧客の意思決定時間を長引かせる傾向がある。つまり，店舗において顧客がじっくりと時間をかけて商品を吟味することを促す可能性がある。顧客にとって，店舗における商品の吟味が重要である状況，計画的購買を行う状況，高関与の商品を購買する状況では，商品提示において寒色の使用は適しているかもしれない。

　店舗設計における色の効果について，女性被験者を対象にした，店舗環境を模した実験室での研究によれば，寒色と比較して，被検者は暖色の壁により近づく傾向にあるが，暖色の内装を否定的に判断する傾向にあったという（Bellizzi *et al.*, 1983, pp.21-45）。

　また，店舗内照明も視覚刺激として焦点が当てられてきた。適度に明るい照明によって，商品が目立ち，顧客がそれを手に取り，選択しやすくなる。実際の店舗（金属器具と衣類）における補助照明（特定の陳列に対する照明）の効果に関する実験では，補助照明点灯によって，衣類における顧客の手による接触品目数と取り上げ品目数が有意に増加した（Summers and Hebert, 2001, pp.145-150）[6]。

(2) 聴覚

　聴覚に関する消費者行動領域において多くの研究が蓄積されてきたのが音楽である。店舗におけるBGM（back ground music）が顧客の購買行動に与える影響については，多くの研究が存在する。古典的な研究においては，テンポ（tempo）と音量（volume）に焦点が当てられ，それらと行動との関連が検討された。

　テンポは，顧客の歩行の速度に影響を与えることが報告されている。すなわち，遅いテンポの音楽は，速いテンポの音楽と比べて，顧客の歩行速度を遅くしたという実験結果が報告されている。そして，テンポの遅い音楽が流れている時は，速いテンポの音楽の時と比べて，購入金額が増加する傾向にあるという結果も報告されている（Milliman, 1982, pp.89-90）。音量は顧客の店舗内滞留時間に影響を与える。音量と店舗内滞留時間とは，負の相関関係を見出せるという（Smith and Curnow, 1966, pp.255-256）。

　音楽が人の感情に与える影響について，音楽の要素ごとにそれらの変化が呼び起こす感情表出を**図表6-10**にまとめて提示する（Bruner, 1990, p.100）。それによれば，旋法のメジャーは，重苦しさ，のどかさ，おかしさ，幸福などに結び付く一方，マイナーは，悲しさ，感傷，驚きに結び付く。また，音程の低さは，重苦しさ，悲しさ，驚きに結びつく一方，その高さは，おかしさ，幸福に結びつく。

図表6-10　音楽の要素が感情に与える影響

要素	感情表出								
	重苦しさ	悲しさ	感傷	のどかさ	おかしさ	幸福	興奮	荘厳さ	驚き
旋法	メジャー	マイナー	マイナー	メジャー	メジャー	メジャー	メジャー	メジャー	マイナー
テンポ	遅い	遅い	遅い	遅い	速い	速い	速い	中位	遅い
音程	低い	低い	中位	中位	高い	高い	中位	中位	低い
リズム	安定	安定	流麗	流麗	流麗	流麗	変拍子	安定	変拍子
ハーモニー	協和	不協和	協和	協和	協和	協和	不協和	不協和	不協和
音量	中位	小さい	小さい	小さい	中位	中位	大きい	大きい	さまざま

出所：Bruner（1990, p.100）.

(3) 嗅覚

　嗅覚については，香りの店舗内購買行動に対する影響が論究されてきた。店舗内の商品の香りが，その商品に対する顧客の購買意欲を喚起することはよく知られている。既存研究では，取扱商品の香りではない環境的香り（ambient scent）の店舗や商品に対する評価を検討したものがある（Spangenberg *et al.*, 1996, pp.67-80）。それによれば，ラベンダー，ジンジャーなど不快感を与えない香りを使った店舗を模した実験室における実験では，環境的香りが，店舗，店舗内環境，商品それぞれの評価を有意に高めることが示された。また店舗出向意向を高めることも示された。

　また，個別の香りの効果を探究する研究も存在する。例えば，実際の店舗において，アロエとオレンジの香りを使用した実験によって，オレンジよりもアロエの香りのほうが，顧客の滞店時間が伸びることが示された（平木他，2010, pp.13-22）。

注

1）小売業者が自らでショッピング・センターを設置する場合もありうる。
2）混雑に関して考慮が必要なのが，顧客によって知覚された混雑感（perceived crowding）である。これには，人の多さの知覚である人混雑感（human crowding）と，人以外の物的要素（設備，用具，商品など）の多さの知覚である空間混雑感（spatial crowding）の2次元がある。客観的に計測できる単位面積当たりの人や物的要素の数（密度）は，混雑感の必要条件の1つである。多くの場合，高い混雑感はどの次元であれ，顧客の環境に対する統制感の低下を招き，ストレスを感じさせる。その結果，顧客の回遊を諦めさせ，買い物満足を下げてしまう。とりわけ，顧客が功利的行動として店舗を訪れた時には，その満足度の低下は大きい。逆に，快楽的行動の側面が存在している場合には，必ずしも満足度は低下しない。詳しくは，Blut and Iyer（2020, pp.362-382）を参照のこと。
3）例えば，音楽と商品特性との適合性について，つぎのような研究がある。実際のスーパーマーケットにおいて，フランスとドイツそれぞれの民族音楽を売り場のBGMとした実験では，フランスの曲ではフランス産のワインが，ドイツの曲ではドイツ産のワインが売上を伸ばしたという（North *et al.*, 1999, pp.271-276）。また，感覚刺激間の適合性を探究する研究の1つに，BGMと環境的香りについて，それぞれ無し，低い覚醒，高い覚醒という種別を組み合わせた実際のギフト店舗

における実験がある（Mattila and Wirtz, 2001, pp.273-289）。これによれば，同じ種別の組み合わせが，顧客の店舗環境への評価，購買満足度，衝動購買を高めることが分かった。

4）近年は，視覚が味覚に影響を及ぼすなど，複数の感覚刺激が影響を及ぼし合う効果（クロスモーダル効果）を検証する研究が増加している。

5）ただし，色の心理的影響は，社会における約束事（code）に則っているかもしれない。例えば，白は特定社会では結婚の象徴であるが，別の社会では葬儀を表す。

6）ただし，金属器具において，手による接触数は有意に増加しなかったので，商品の種類によって照明効果は異なることが示唆される。

第**7**章

品揃え形成

品揃えは，店舗において顧客に提示される商品の集合のことである。したがって，品揃えを構成する要素には，商品構成だけでなく，その陳列も含まれる。さらに，それを実現するためには，小売業者は，商品を調達し，販売価格を決定し，売場を構成し，在庫を管理する必要がある。本章では，商品構成，商品調達，売場構成，商品陳列を取り上げる。その他については別章で説明する。

第1節　商品構成

小売業者による商品の組み合わせのことを，ここでは商品構成と呼ぶ。その計画には，商品構成の方針の決定，商品分類の策定，商品の選定が含まれる。さらに，顧客による商品の円滑な購買と消費のために付帯サービスを提供する場合には，その選択も含める必要がある。

1．商品構成の方針

小売業者の事業ミッション，小売マーケティング目標，ターゲット市場の消費ニーズを踏まえて，商品構成の方針を決定する必要がある。商品構成の方針とは，商品構成が消費者にどんな便益をもたらすのか，どのような分野の商品をどの程度揃えるのか，決定することである。

商品構成が顧客にどんな便益をもたらすのかを決定することによって，それに一貫性（consistency）がもたらされる（Gist, 1968a, p.254）。一貫性とは，商品間の関連性の強さのことである。小売業者が提供する便益を明らかにすることによって，商品構成に方向性が与えられ，一貫性が生じると考えられる。

どのような分野の商品をどの程度揃えるのかの決定は，商品構成の幅と深さ

図表7-1　商品構成の幅と深さ

幅

	狭い	広い
浅い	①キオスク型	②コンビニエンス・ストア型
深い	③専門店型	④百貨店型

深さ

を決定することに関わる。商品構成の幅とは，商品カテゴリーの数を示し，深さとは同一商品カテゴリー内の品目数を示す。なお，この幅と深さによっての商品構成の性格が決定される（**図表7-1**）。

①**キオスク型**：幅が狭くて浅い商品構成。素早く買い物ができる小型の小売店舗が想起される。

②**コンビニエンス・ストア型**：幅が広くて浅い商品構成。必要なものは入手することができるが，品目について選択肢は少ない。

③**専門店型**：幅が狭くて深い商品構成。特定分野について十分な選択肢が提供されるというイメージを顧客は抱くだろう。

④**百貨店型**：幅が広くて深い商品構成。欲しいものが何でも揃うというイメージを顧客は抱くだろう。

2. 商品分類

小売業者の商品構成には，膨大な数の商品が含まれる。数十万点にも及ぶ場合がある。したがって，商品を分類しなくては体系だった商品構成を案出することは不可能である（神谷，1978，p.115）。

(1) 商品分類基準

商品分類基準として，つぎのものがありうる（天野，1991，pp.39-40；神谷，1978，p.116）。

①**物的特性**：性能，仕様，形状，原材料などによる分類である。

②**顧客**：顧客の年齢，性別，職業などによる分類である。

③**用途**：顧客が商品を消費する目的や場面による分類である。ライフスタイル分類と呼ばれるものもここに含まれる。

④**価格帯**：商品の販売価格による分類である。高価格，中価格，普及価格など相対的な価格によって分類する場合がある。価格によって分類された商品グループは，価格ライン（price line）と呼ばれる。

⑤**生産者**：生産者による分類である。基本的にブランドによる分類もここに含まれる。

⑥**消費動向**：定番品，流行品，季節品など売れ行きのパターンによる分類である。

(2) 分類の階層性

　商品分類は，複数の基準を使って行われる。例えば，物的特性，顧客層，ブランドを組み合わせて分類していく（神谷，1978，pp.116-117）。その際，分類は，大分類，中分類，小分類というように階層性を持つことになる。例えば，顧客層（大分類），物的特性（中分類），ブランド（小分類）という階層性が現れる（**図表7-2**）。

　分類の階層性に関連して，小売業者に用いられる概念にカテゴリー（category）と部門（department）がある（Hart and Rafiq，2006，pp.336-341）。カテゴリーは代替可能性（substitutable）のある商品の集まりである。

図表7-2　商品分類の階層性

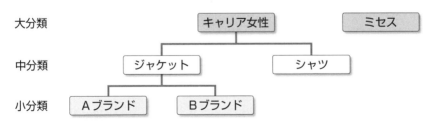

部門は補完性（complementary）のあるカテゴリーの集まりである。

　通常，商品分類は店舗における売場構成につながっている。また，商品分類に基づいて在庫管理も行われる。分類の最小は品目である。これは，在庫管理の最小単位である。同一ブランドであっても，サイズ，スタイル，色，価格，分量などが違えば，別の品目として識別される。なお，品目は，アイテム（item）とも呼ばれるが，在庫管理の場面でSKU（stock keeping unit）と表現されることがある。

3．商品選定

　小売業者が商品選定を行うためには，商品選定目的を設定し，商品選定基準を用い，いくつかの影響要因を考慮する必要がある。

(1) 商品選定目的

　商品を選定する目的には，つぎのようなものがある（小濱，2000，pp.141-147）。

①**売上高の確保**：売れ行きが見込まれる商品を選ぶ。

②**利益の確保**：予定粗利益率や在庫回転率（inventory turnover）の高い商品を選ぶ。

③**顧客誘引**：顧客数増加が見込まれる商品を選ぶ。顧客の来店動機が喚起される話題性のある人気商品や低価格商品がこれに該当する。

④**プレステージの向上**：商品構成に対する信頼感を高める商品を選ぶ。高品質・高価格の商品がこれに該当する。

⑤**マーケティングの実験**：販売経験を蓄積するために，小売業者にとって販売経験のない商品を選ぶ。

⑥**購買選択肢の提供**：顧客にとって購買の選択肢が増加し利便性が高まる商品を選ぶ。バラエティー（variety）の創出である。主力商品の販売を促進するため，その比較対象を提供するような商品を選ぶこともある（Simonson，1999，pp.347-370）。

⑦**新奇性の提供**：商品構成に新鮮さをもたらす商品を揃える。新商品や話題

性の高い商品をつぎつぎに投入することがこれに該当する。

　売上高や利益が確保できない商品でも，購買選択肢や新奇性を提供できるならば，それを扱うことによって，リピーター確保につながるかもしれない。したがって，小売業者は複数の商品選定目的を用いる必要がある。

　商品目的を踏まえて，つぎの商品分類がありうる（清水，1965，pp.97-98）。

①**主力商品**：小売業者の事業ミッションにかない，売上高，粗利益を確保することができる商品。

②**補完商品**：主力商品を補完し，顧客に購買選択肢を提供する商品。

③**プレステージ商品**：小売業者の威光を示す商品。

④**誘引商品**：来店を促進する低価格商品。

(2) 商品選定基準

　小売業者は，つぎの基準を用いて商品を選定する必要がある（清水，1992，p.89）。

①**消費ニーズへの適合性**：ターゲット市場の消費ニーズに適合しているかどうか。

②**商品機能・品質・形状の妥当性**：消費状況に照らして，適切な機能・品質レベルが維持されているかどうか。

③**商品のブランド力**：ブランドの知名度や信用度などが妥当かどうか。

④**販売費用**：商品を販売することにかかる費用が妥当かどうか。

(3) 考慮すべき影響要因

　小売業者はつぎの影響要因を考慮して，商品選定を行う必要がある（清水，1992，pp.130-152）。

①**市場の競争状況**：競合する小売業者の販売動向や商品の実売価格は，商品の売れ行きや小売業者の利益確保に影響を及ぼす。

②**生産者・卸売業者のマーケティング活動**：生産者・卸売業者のマーケティング活動は小売段階における商品の売れ行きに影響を与える。これには，

ブランド力に加え，生産者・卸売業者の知名度や信用，生産者・卸売業者によるマーケティング・コミュニケーションの内容や活動頻度などが含まれる。

③**商品ライフ・サイクル**：商品ライフ・サイクルは新商品が誕生してから衰退するまでの過程を示している。一般的には，導入期，成長期，成熟期，衰退期という段階が識別される（**図表7-3**）。取扱商品のライフ・サイクル段階は，当該商品の売れ行きに影響を与える。また，今後の販売動向を推測することに役立つ。なお，ここでは商品ライフ・サイクルと製品ライフ・サイクルは同義である。

図表7-3　商品ライフ・サイクル

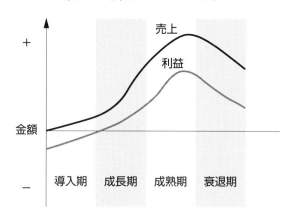

④**需要の季節変動**：季節ごとに消費ニーズは変化するため，需要の季節変動に対応して，商品を選定する必要がある。

⑤**流行**：流行は，商品の売れ行きに影響を与える。一般に，流行商品はその流行が過ぎ去ると売れ行きが落ち込み，その後の需要回復が見込めない。

4．付帯サービス

小売業者は，顧客が商品を購買し消費するうえで必要な付帯サービスを提供

する。それらは，小売サービスとして先述した，金融サービス，危険負担サービス，保管サービスに含まれる活動によって提供されると考えることができる。主なものには，信用供与，保証，商品調整がある。

(1) 信用供与

　顧客に信用を供与し，後払いを認めることによって，小売業者は，購買意図はあるものの，現金を十分に持たずに来店した顧客に対する売り逃がしを防ぐ可能性が生じる。しかし，信用供与や代金回収には，ノウハウが必要で，費用がかかる。そのため，通常小売業者は信販会社の発行するクレジット・カードを受け入れる形で，顧客に後払いを認める。ただし，小売業者が信販会社と提携して，自社顧客向けのクレジット・カードを発行する場合がある。また，小売業者が自前のクレジット・カードを発行し，信用供与する場合もある。

(2) 保証

　顧客は商品購買に当たって，リスクを負っている（知覚リスクに関連）。これには，商品選択の失敗，商品価値の低下，商品による健康被害などが含まれる。顧客が商品購買に対して高いリスクを感じる場合には，購買を躊躇するかもしれない。小売業者は，顧客の購買を促進するためには，そのリスクをある程度負担する必要がある。

　保証によって，小売業者は顧客のリスクを負担する。保証には，返品，返金，商品交換，下取り，無料修理などが含まれる。

(3) 商品調整

　ここでいう商品調整は，小売段階での商品に対する軽度の加工のことである。例えば，衣服のサイズ調整や名入れ，眼鏡や家電品の組み立てなどを指す。商品調整は流通加工活動の一環である。商品調整は，顧客への販売時に商品の最終形態が決定されることを意味する。商品調整によって，小売業者は，消費ニーズにより適合した商品の実現を図ることができる。また，サイズ調整は，過剰な在庫の排除につながる。

第2節 商品調達

　商品調達については，商品調達先の選択，外部調達の場合の仕入方法と仕入先との関係性を取り上げる。

1．商品調達先の選択

　商品調達には大きく分けて，外部調達か，内部調達かの選択肢が存在する。この選択は，小売業者の卸売段階や生産段階の統合，すなわち，垂直統合に関係している（田村，2001，pp.55-66；Porter，1980，pp.300-323〔訳，pp.391-418〕）。内部調達は，生産段階の統合を意味している。外部調達は，生産段階の非統合を意味している。外部調達においては，卸売段階を統合するか，しないかという選択がある。これらに関連して，ここでは，プライベート・ブランド（private brand）の開発を取り上げる。プライベート・ブランドは，商業者ブランドのことである。生産者ブランドは，ナショナル・ブランド（national brand）と呼ばれる。

(1) 外部調達

　外部調達は小売業者が外部の機関から商品を調達すること，すなわち，仕入を行うことである。商業者に含まれる小売業者は，基本的に生産機能を有しない。つまり，小売業者は生産者が生産した財を商品として仕入を行い，消費者に再販売するのである。小売業者の主な仕入先は，生産者と卸売業者である[1]。

　1）卸売業者からの仕入

　小売業者が卸売業者を仕入先とすることは，生産者から，卸売業者を経て，小売業者へと至る商品調達上の流通チャネルが形成されていることになる（図表7-4）。

　卸売業者から仕入を行うことには，小売業者にとって利点が存在する。すなわち，仕入にかかる費用が節減できる可能性がある。まず，卸売業者が多数の生産者のなかから小売業者の要求にかなう生産者を探し出してくることが期待

図表7-4　商品調達上の流通チャネル

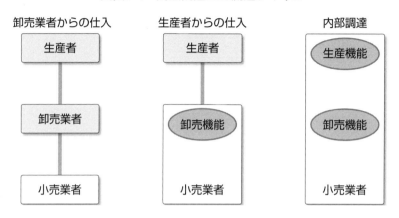

できる。小売業者にとっては，生産者を探索する費用が節減できる。卸売業者が生産者の倉庫や工場から小売業者の倉庫や店舗までの配送を担当してくれる場合，小売業者は自らで配送を担当する必要がなく，それにかかる費用を節減することができる。

　しかし，卸売業者から仕入を行うことには，つぎのような不利点も存在する。まず，卸売業者は，生産者から調達した商品に自らの粗利益（卸売業者マージン）を上乗せするが，それによって，卸売業者が提示する仕入価格が小売業者の許容額を超えてしまうことがある。また，卸売業者が取り揃えた生産者の商品が小売業者の要求にかなうとは限らない。

　以上の説明を単純化すると，小売業者が卸売業者からの仕入を選択するのは，生産者から仕入を行うよりも，仕入にかかる費用が低いと判断するからである。仕入にかかる費用は，仕入価格だけではない。それに取引費用が加わる。取引費用には，仕入先の探索，仕入先との交渉，商品の運送・保管，契約履行の監視にかかる費用が含まれる。仕入価格（卸売業者からの）＋取引費用（卸売業者との間の）が，仕入価格（生産者からの）＋取引費用（生産者との間の）よりも低い場合に，小売業者は卸売業者を調達先とするのである（田村，2001，pp.59-66）。

2）生産者からの仕入

　小売業者が生産者を仕入先とすることは，商品調達上，卸売業者が流通チャネルに介在しないことを意味する（**図表7-4**）。小売業者が生産者から仕入を行うことは，一般に直取引と呼ばれる。生産者を仕入先とすることは，小売業者が卸売段階の機能を内部化していることになる（生産者が卸売段階の機能を内部化することもあるがここでは考えない）。

　生産者から仕入を行うことによって，小売業者は卸売業者から仕入を行う場合の不利点を克服することができる。つまり，卸売業者マージンを節約することができる。また，自らの要求にかなう生産者の商品を直接探し出して入手することが可能になる。ただし，卸売業者から仕入を行う場合の利点を享受することはできなくなる。生産者を探索する費用については，小売業者が自らで負担しなくてはならない。また，配送などの卸売業者が担当していた活動を自らで担当しなくてはならない。つまり，集荷のための物流センターや配送用のトラックを小売業者が用意する必要が生じる。小売業者はこれらの担当のために費用を負担しなくてはならないが，活動を効率的に行うことができない場合には，卸売業者から仕入を行うよりも，仕入にかかる費用は高くなってしまう。

　以上の説明を単純化すると，小売業者が生産者からの仕入を選択するのは，卸売業者から仕入を行うよりも，仕入にかかる費用が低いと判断するからである。つまり，仕入価格（生産者からの）＋取引費用（生産者との間の）が，仕入価格（卸売業者からの）＋取引費用（卸売業者との間の）よりも低い場合に，小売業者は生産者を仕入先とするのである（田村，2001，pp.59-66）。

3）仕入先の選択基準

　小売業者の仕入先選択基準として，つぎのものがある（神谷，1978，pp.147-149）。

①**商品の適切さ**：生産者や卸売業者が扱っている商品が，小売業者の品揃え上の要求に適合するかどうか。

②**納品の適切さ**：納品時期，欠品や誤配の頻度などが，小売業者にとって許容できるかどうか。

③**仕入方法の適切さ**：仕入条件，仕入形態，仕入時期などが，小売業者にと

って適切かどうか。

④**販売援助活動の適切さ**：生産者や卸売業者の小売業者に対する販売援助活動が，小売業者のマーケティング活動に適合するかどうか。

⑤**情報提供活動の適切さ**：生産者や卸売業者から商品情報や市場情報が，小売業者に対して適切に提供されるかどうか。

⑥**経営状況**：生産者や卸売業者に信用があり，安定した調達が可能かどうか。

(2) 内部調達

内部調達は，小売業者が自ら生産機能を有して商品を生産することである。つまり，小売業者による生産段階の内部化である（**図表7-4**）。これには，利点と不利点が存在する（Porter, 1980, pp.300-323〔訳，pp.391-418〕）。

小売業者が生産段階を内部化することには，つぎの利点が見られる。まず，小売業者が要求する品質・性能・形状の商品を入手することができる。それは，特定小売業者においてのみ販売される商品であるため，その商品によって，当該小売業者は差別化を追求することができる。そして，生産費用を小売業者が統制することができる。したがって，販売価格決定の自由度が高くなる。規模の経済性という観点から，生産者の生産と比較して，内部調達の生産規模が大きい場合，商品1単位当たりの生産費用を低いレベルにとどめることができるかもしれない。これは，低価格販売に寄与する。一般に，内部調達を選択する小売業者は，多店舗展開によって大きな販売力を保有している。

しかし，つぎの不利点が生まれる。まず，生産設備を整え，それを操業する人員を揃えるための投資が必要である。さらに，生産設備は固定的であるため，これを維持するための費用を負担しなくてはならない。また，生産設備の稼動を考慮すれば，自社生産品よりも望ましい同種商品を他の生産者が発売したとしても，それに切り替えて調達することは難しい。つまり，商品調達先の決定や，商品選定が，硬直化してしまうのである。

(3) プライベート・ブランドの開発

小売業者が独自のブランドを付与する場合は，プライベート・ブランド開発

と呼ばれる。小売業者が自らの責任で商品を企画し，それにブランドを付与して管理するのである。ブランド付与の主なパターンには，企業名もしくは店名をそのままブランドとするパターンと，それらとは別の独自ブランドを付与するパターンがある。プライベート・ブランドを付与する商品は，小売業者の内部調達によるだけでなく，提携した生産者に対する生産委託によっても調達する。後者のほうが，一般的である。

　１）プライベート・ブランドの開発目的

　小売業者は，プライベート・ブランドを競争優位性構築のために導入する。プライベート・ブランドの開発には，具体的につぎの目的が考えられる（McGoldorick，2002，pp.345-349）。

　①競争者からの顧客の獲得

　②粗利益の確保

　③小売業者に対する顧客のロイヤルティーの確保

　プライベート・ブランドについては，通常，小売業者は競合するナショナル・ブランドより低い価格の実現を図る。小売業者は，プライベート・ブランドの低価格販売によって，顧客の獲得を図る。低価格の実現に向けて商品１単位当たりの生産費用を低下させるため，小売業者は，生産者と協議して，商品の仕様を見直して不必要な品質やデザインを削減し，生産工程の改変を検討する。生産費用の低下のため，小売業者は，生産者に対する大ロット生産の委託，稼働していない生産設備の活用なども企図する。また，流通過程を見直し，不必要なマーケティング・コミュニケーションを削減し，物流方法の改変を検討する。なお，低価格実現のため，ブランド付与しないジェネリック・ブランド（generic brand）の提供もありうる。生産費用の低下は，小売業者の調達価格の低下につながるが，小売業者の粗利益率の向上にもつながる。

　プライベート・ブランドは，特定小売業者のみで入手可能であるため，顧客においてそれに対するブランド・ロイヤルティーが確立すれば，当該小売業者に対する顧客のロイヤルティーの確保につながる。とりわけ，他の小売業者では，入手できない独自の高品質ブランドを投入すれば，強固な顧客のロイヤル

ティーを築き上げることが可能である。これは，プレミアム・プライベート・ブランド（premium private brand）の投入と呼ばれる。なお，市場セグメント別に，ナショナル・ブランド，低価格プライベート・ブランド，プレミアム・プライベート・ブランドを小売業者が使い分ける例が多い。

　２）プライベート・ブランドの開発関与

　小売業者のプライベート・ブランドにおける開発への関わり方には，つぎの種類が認められる（西村，2010，pp.220-223）。

　①**自社企画型**：小売業者が単独でブランドを開発する。

　②**水平的共同型**：複数の小売業者が共同してブランドを開発する。

　③**卸売業者提案型**：小売業者がブランドに責任を持つものの，卸売業者が提案して開発する。

　④**生産者提案型**：小売業者がブランドに責任を持つものの，生産者が提案して開発する。

　自社企画型を採用する小売業者の中には，販売商品をすべてプライベート・ブランドとするものが存在する。小売業者は，自社企画型では取扱量が小さく，低価格が十分に実現できない時に，規模の経済性を求めて水平的共同型や卸売業者提案型を指向する。プライベート・ブランド商品を他の小売業者に卸売することもある。

　生産者提案型のなかには，生産者が自らのナショナル・ブランドの仕様を一部修正して，プライベート・ブランドとする例が多い。また，小売業者と生産者が共同開発する場合には，ナショナル・ブランドとプライベート・ブランドを二重に付与するダブル・チョップ（double chop）の例が見られる。

２．仕入方法

　外部調達の場合，小売業者は仕入先と交渉して仕入方法を決定する。仕入方法には，仕入形態，仕入時期，仕入組織，仕入条件を含む。

(1) 仕入形態

仕入形態は，生産者や卸売業者などから小売業者が商品を入手する際の所有権移転のパターンを示している。仕入形態には大きく分けて3つが存在する。

①**買取仕入**：商品の所有権を小売業者が獲得して再販売する。小売業者は，仕入価格に粗利益を上乗せして販売価格を決定する。商品が売れ残った場合は，当該商品の所有権を取得している小売業者の責任で処分する[2]。

②**委託仕入**[3]：小売業者は，仕入先に商品の販売を委託された形で，当該商品の所有権を仕入先が保持したまま販売を行う。所有権は，仕入先から消費者に直接移転する。小売業者は，委託販売に対する手数料を受け取る。商品が売れ残った場合は，当該商品の所有権を保持している仕入先に返品する。その処分は，仕入先の責任で行われる。

③**消化仕入**：商品の所有権は，小売業者が販売する時点まで仕入先が保持する。所有権は商品が売れた時点で仕入先から小売業者に移転し，同時に小売業者から消費者に移転する。小売業者は，仕入価格に粗利益を上乗せして販売価格を決定する。商品が売れ残った場合は，販売時までは仕入先が当該商品の所有権を保持しているため，仕入先に返品する。その処分は，仕入先の責任で行われる。売上仕入とも呼ばれる。

仕入形態は返品のあり方を示している。委託仕入と消化仕入においては，小売段階での売れ残りリスクは仕入先が負担する[4]。つまり，小売業者は売れ残り商品を仕入先に返品することができる。買取仕入においては，小売段階での売れ残りリスクは小売業者が負担する。基本的に，買取仕入においては，商品に瑕疵がない限り，小売業者は仕入先に商品を返品することはできない。ただし，売れ残りのリスクを仕入先が負担するために，買取仕入においても，返品条件が付く場合がある（返品条件付き買取仕入）[5]。

(2) 仕入時期

仕入時期の決定には，つぎの考え方が影響を与える。すなわち，計画仕入と当用仕入である（徳永，1980，pp.324-327）。

1）計画仕入

　計画仕入は，販売に先立ち，計画的に商品を仕入れることである。小売業者の在庫形成の意思決定をできるだけ早くすることは，投機（speculation）と呼ばれる（Bukclin，1965，pp.26-31）。計画仕入は，投機の考え方に関連している。

　長期的な計画を立てて仕入を行う場合，その仕入計画を受けた生産者は，計画的に生産を行うことができるため，生産効率が高まる。その結果，生産費用低下による仕入価格の低下を見込むことができる。大量仕入が可能である場合には，数量割引（volume discount）が享受できる。しかしながら，商品の売れ行きが計画通りでない場合には，小売業者は買取った商品について売れ残りや販売機会を逃してしまうリスクを負うことになる。また，当用仕入と比べて在庫にかかる費用が高くなりがちである。在庫回転率は，当用仕入と比べれば低くなりがちである。

2）当用仕入

　当用仕入は，需要や仕入条件の変化に応じて，必要な商品を必要な時に必要な数量仕入れることである。当用仕入は，延期（postponement）の考え方に関連している。延期とは，小売業者の在庫形成の意思決定をできるだけ遅らせることである（Bukclin，1965，pp.26-31）。

　大量仕入が困難なことが多いので，数量割引を享受する可能性は計画仕入と比べれば低いが，状況の変化によって有利な仕入条件が現れた時に仕入れることができれば，仕入価格を低くすることが可能である。ただし，需要に応じて商品を仕入れることを企図しても，それに対応してくれる仕入先が現れなければ，販売機会を逃してしまう。計画仕入と比べて，在庫にかかる費用が低くなりがちである。過大な在庫を保有しないので，在庫回転率が高まる。当用仕入は，多頻度小口仕入になりがちなため，取引にかかる費用が計画仕入に比べれば，高くなる傾向にある。

（3）仕入組織

　小売業者の仕入組織（buying organization）はさまざまなパターンがある。小売業者が仕入組織を編成する場合，つぎの次元を考慮する必要がある（Berman *et al.*, 2018, 361-364)。

①**公式性（formality）**：仕入のための公式の組織（部署）が存在するかどうかという次元である。小売業者内に公式の仕入組織がなく，販売組織が仕入れを担当することがありうる。

②**集権性（centralization）**：仕入に関する権限が集中しているかどうかという次元である。仕入組織が小売業者に1つのみ存在してそこがすべての仕入を行っている場合は，集権化した仕入組織（centralized buying organization）を編成している。チェーン・オペレーションを採用している小売業者が本部一括仕入れを行う場合である。逆に，店舗や地域ごとに仕入れを担当する組織が存在している場合は分権化した仕入組織（decentralized buying organization）を編成している。

③**担当分野の範囲（organizational breath）**：仕入組織が担当する商品分野の範囲という次元である。1つの組織が小売業者のすべての扱い商品分野を担当する場合もあれば，肉，魚，野菜のように商品分野ごとに細かく組織が分割されている場合もある。

④**内部資源性（personnel resource）**：仕入に関する活動をどの程度自社内で担当するかどうかという次元である。仕入を自社ですべて行わず，一部商品について，他の小売業者と共同仕入を展開する，あるいは他の小売業者に任せる場合がある。また，フランチャイズ・チェーンに加盟して，フランチャイザーの仕入にしたがう場合もある。

（4）仕入条件

小売業者は仕入条件として，つぎの項目を考慮する必要がある。

①**仕入価格**：仕入先から小売業者への商品1単位当たりの販売価格（単価）である。仕入原価とも呼ばれる。仕入先から割引が提供されることがある。主な割引には，数量割引と現金割引（cash discount）がある。数量割引は，仕入数量が一定以上の場合に適用される。現金割引は，小売業者が現金払いをした場合に適用される。

②**配送**：仕入先の工場や倉庫から，小売業者の店舗や倉庫に商品を運ぶこと

である。大きく分ければ，仕入先が負担する場合と，小売業者が負担する
場合がある。この配送の負担によって，仕入価格が変動する。仕入先が配
送を負担する場合，仕入価格はその分高くなりがちである。また，配送場
所や，配送頻度などの条件が考慮される。

③**支払方法**：大きく分けて，現金払い，前払い，後払いがある。一般的なの
は，後払いである。これには，手形払いも含まれる。後払いの場合，支払
いサイト（代金の締め日から支払日までの猶予期間）が条件として考慮さ
れる。

④**販売援助**：仕入先が商品のマーケティング・コミュニケーション活動の一
環として，小売業者に提供する援助のことである。これには，大きく分け
て金銭的援助と非金銭的援助がある。金銭的援助には，商品の仕入額に応
じた割戻金であるリベート（rebate），仕入先商品のマーケティング・コ
ミュニケーションに協力した場合に支払われる販促協賛金などがある。リ
ベートは，通常一定期間内の累積的な仕入金額で判断される。販促協賛金
は，アローワンス（allowance）とも呼ばれる[6]。非金銭的援助には，小
売業者において，仕入先商品の販売に従事する人員を仕入先から派遣する
ことや，小売業者の販売員の訓練を仕入先が請け負うことなどがある。

3．仕入先との関係

　小売業者は，効率的，効果的な商品調達のため，仕入先である卸売業者や生
産者との関係を構築する。また，関係性の発展段階で，サプライ・チェーン・
マネジメント（supply chain management）や，カテゴリー・マネジメント
（category management）が出現する。

(1)　関係性の類型
　小売業者と仕入先との関係には，当事者間の関わり合いの程度によって，1
回限りの売買取引を行う関係から，垂直統合された組織的関係までいくつかの
段階を含んでいる（Webster, 1992, p.5）。
　①1回限りの売買取引

　②継続的売買取引

　③長期的取引関係

　④共同的パートナーシップ

　⑤戦略同盟（フランチャイジング，ライセンシング）

　⑥垂直統合

　1回限りの売買取引では，小売業者と仕入先は利益を奪い合う敵対的関係に傾きがちである。つまり，小売業者はできる限り仕入価格を低くするなど，自らにとって良い取引条件を獲得しようとし，仕入先はできる限り仕入価格を高くするなど，自らにとって良い取引条件を獲得しようとするかもしれない。

　関わり合いが高まり，共同的パートナーシップや戦略同盟に至れば，小売業者と仕入先は共同して利益を獲得するため，共通の目標に向かう姿勢に転じる。これらは，市場取引と垂直統合（内部取引）との中間に位置するため，中間組織と呼ばれる。

　その顕著な例が，サプライ・チェーン・マネジメントや，カテゴリー・マネジメントである。なお，先述のプライベート・ブランド開発も，その例にあげられる。

(2)　関係の維持

　流通チャネルにおいて，リーダーの構成員（例えば小売業者）が独立した他の構成員（例えば生産者，卸売業者）に指令を発して統制することはできない。流通チャネルにおいて，共通の目標に対して，構成員間で組織的な行動を展開するためには，リーダーが他の構成員から積極的に協力する姿勢を導き出すために勢力（power）を行使する必要がある。また，構成員間の衝突が起きた際，関係に良い影響を及ぼす衝突（conflict）を利用することで，関係を改善することも必要である。

　勢力は構成員間の依存（dependency）によって規定される[7]。構成員間の依存と勢力はつぎのように捉えることができる。構成員Aと構成員Bが存在しているとして，AにとってBが保有している経営資源や能力などの重要性が高

いほど，さらに，AがB以外からは必要とする経営資源や能力を入手する可能性が低いほど，AはBに依存している。つまり，BはAに対して勢力を持っている。

　例えば，生産者が自社ブランドの売れ行きをその小売業者の販売能力に依存する場合，小売業者は生産者に対して勢力を持っている。逆に，生産者が強力なブランドを確立していて，小売業者は商品構成上そのブランドを欠くことができないような場合，生産者は小売業者に対して勢力を持っている。勢力は相手の経営行動に影響を及ぼす。流通チャネル構成員それぞれの競争優位性が垂直的関係に影響を及ぼす（白石，2003，pp.98-113）。

　以上の取引に関する勢力は，取引依存度として測定することができる。特定商業者の総商品調達量のなかで特定生産者からの商品調達が占める割合（調達依存度）と，特定生産者の総販売額のなかで特定商業者に対する商品販売量が占める割合（販売依存度）を測定し，両者を比較することで依存度を分析することができる（石原，1982，pp.210-217）。

　流通研究においては，流通チャネルにおける勢力基盤を，つぎの5つに分類してきた（石井，1983，pp.38-46）。すなわち，報酬，制裁，専門性，一体性，正当性である。報酬と制裁は，取引に関する依存に関連して，当該構成員が他の構成員の売上高や粗利益などの経済的な利益・不利益を左右する能力や経営資源のことである[8]。専門性は，情報処理能力への依存に関連して，流通活動を遂行することに関する専門的な知識やデータのことである。一体性とは，他の構成員が一体化したいと感じるような構成員のプレステージ（prestige）や信用などのことである。正当性とは，法的・倫理的な拘束を指す。

　流通チャネルにおいて，異なる流通段階の構成員間で，目標，領域，あるいは現実の認識の不一致によって衝突が起きることがある。垂直的衝突（vertical conflict）と呼ばれる（Palamountain, 1955, pp.48-57〔訳，pp.43-58〕）。例えば，小売業者が生産者にロジスティクスの効率化のため複数生産者に小売業者の店舗への共同配送を求めた場合，ある生産者は初期的な配送費用増加を理由に非効率とみなしてそれを拒否し，配送をめぐって小売業者と当該生産者間で衝突が起きるかもしれない。

　必ずしもすべての衝突が構成員間の関係に悪影響を及ぼすとは限らない。衝突によって，構成員間のコミュニケーションが盛んになる，過去の行動を批判的に振り返る，より公平な資源の配分につながる，関係内の勢力の均衡化につながる，衝突の解決方法の標準化が図られるなどの利益が流通チャネルにももたらされる（Dwyer *et al.*, 1987, pp.24-25）。このように良い影響をもたらす衝突は機能的衝突と呼ばれる。

(3)　サプライ・チェーン・マネジメント

　サプライ・チェーン・マネジメントは，原材料調達から消費に至る商品供給の流れをサプライ・チェーンと捉え，その過程に関わる企業間（もしくは部門間）で情報を相互に共有・管理することによって，その過程の全体最適を目指すためのマネジメントのことである[9]。消費財においては，その過程には，原材料調達，生産，卸売，小売が含まれる（**図表7-5**）。小売業者のみならず，卸売業者，生産者，その他補助機関の活動が，そのマネジメントに関わる。つまり，小売業者，卸売業者，生産者，その他補助機関間の共同によって，商品供給の流れの効率化を図るのである。

　小売業者にとって，サプライ・チェーン・マネジメントの重要な目的は，消費者満足の実現と流通費用の削減である。その焦点は，欠品の防止と在庫の削減である（Poirier and Reiter, 1996, pp.32-35〔訳，pp.31-32〕）。欠品の防止は，消費者にとっては商品の入手可能性（availability）を高め，結果的に消費

図表7-5　サプライ・チェーン

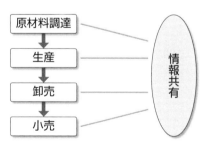

者に満足をもたらす。また，小売業者にとって流通費用の削減で重要なのは，その投資の大きな部分を占める在庫の削減である。

　欠品の防止と在庫の削減を両立させることは，困難であると考えられてきた。欠品を防止するために在庫を積み増せば，必然的に在庫は増加する。逆に，在庫を低く見積もれば，欠品の可能性は高まる。

　欠品の防止と在庫の削減を両立させるためには，リードタイム（発注から納品までの期間）の短縮が必要である。在庫量を1日の販売量にリードタイムを乗じたものとするならば，リードタイムの短縮によって在庫を削減することができる。そして，素早い補充によって欠品を防止することができるのである。リードタイムを短縮させるためには，小売業者と他の機関との情報共有が重要である。小売業者が販売状況や在庫状況に関する情報を生産者や卸売業者に開示すれば，生産者は生産計画を調整し，卸売業者は配送計画を調整することによって，小売業者の発注に即応することが可能になる[10]。

　なお，サプライ・チェーン・マネジメントと同様の考え方に対して，食料品小売業界では，ECR（efficient consumer response），衣料品小売業界では，QR（quick response）と呼ぶことがある。

(4) カテゴリー・マネジメント

　カテゴリー・マネジメントは，生産者と小売業者とが共同して，戦略的事業単位（strategic business unit）としてのカテゴリーを店舗においてマネジメントすることである。具体的には，カテゴリー単位で，在庫，マーケティング・コミュニケーション，商品補充，新商品の導入について，生産者と小売業者とが共同で企画し，実行するのである。単品管理では，ブランド間，品目間の相互関係を無視しがちであるが，カテゴリー・マネジメントでは，その相互関係を考慮して，カテゴリー全体で業績向上を目指す（Basuroy, et al., 2001, p.16）。

　カテゴリー・マネジメントは，つぎの段階からなる（Basuroy, et al., 2001, pp.16-18）。

　第1段階は，カテゴリーの定義である。カテゴリーは，消費者の購買行動の視点から定義されなければならない。消費者が代替的に購入するブランド，

SKUを集めて商品グループを案出するのである。

　第2段階は，カテゴリー単位の商品計画立案である。カテゴリーを構成するブランドのうち有力なものの生産者が，カテゴリー・キャプテン（category captain）となる。カテゴリー・キャプテンと小売業者が共同して商品計画を立案する。つまり，カテゴリー・キャプテンと小売業者は，商品構成，在庫量，販売価格，マーケティング・コミュニケーション，棚割りなどを案出する。この際，小売業者は，売上高，在庫高，営業費用など商品に関わる情報を開示しなければならない。

　第3段階は，商品計画の実行である。

　第4段階は，見直しである。カテゴリーの定義や商品計画が適切であったかどうかについて，販売結果を受けて検討する。

第3節　売場構成

　小売業者にとって，売場構成はどの商品部門に対して店舗内のどの場所をどれくらい割り当てるのかを案出することである。ここでは，売場構成の考え方を説明し，つぎに商品陳列について説明する。

1．売場構成

　小売業者は，店舗のレイアウトに沿って，商品分野ごとの陳列場所とその面積の割り当てを決定し，さらに，ブランド・品目ごとに陳列台や棚における陳列数量や位置を決定する。

(1) 陳列場所の割り当て

　特定商品分野の特定場所の割り当ては，顧客の回遊性，その他の要因を考慮して決定される。

1) 回遊性

　平屋の店舗を想定した場合，顧客の回遊性を高めるためには，顧客を店舗入口から奥まで引き込む必要がある（加藤, 2016, pp.59-80; Varley, 2014, pp.180-

181）。顧客の興味を引く商品，計画的に購買される商品などは店舗奥に配置することで，顧客を店舗奥まで引き込む可能性が高まる。通行量の多い入口付近には，高品質の商品，季節商品，流行商品などを配置して購買や入店を促すことが望ましい。入口付近は小売業者のイメージ形成にとって重要であることに注意が必要である。また，店舗内で顧客が熟慮して購買する商品は通行量の比較的少ない場所に配置して，顧客にその機会を提供することが望ましい。店舗に入口が1つしかなく，入口から店舗奥さらに出口まで一方向に顧客が進むように誘導される場合，顧客動線は長くなる。

　多層階の店舗の場合，階層によって，顧客の来訪度は異なる。一般的に，1階部分が最も顧客の来訪度が高く，上層階に行くにつれその度合いは低下する。上層階への移動に対して顧客は抵抗感を持つ。したがって，多層階店舗の場合，上層階では，専門品のように，購買頻度は低いが顧客が強い購買意欲を持って買い物努力を惜しまない商品を販売することが通常である（渥美, 1992, pp.33-38）。同様に上層階に飲食やエンターテイメント施設を設ける工夫も行われる。逆に，下層階では購買頻度の高い商品を販売する。

　回遊を考慮した場所の割り当てについて，小売業界では，磁石（magnet）の設置という表現で，顧客を引き込むことができる商品分野に対する特定場所の割り当てが案出される（**図表7-6**）。

　また，店舗内で熟慮して購買する商品を含む商品分野は通行量の比較的少ない場所に配置して，顧客に熟慮の機会を提供することが望ましい。誘引商品については，入口付近に配置して来店を促進することが通常である。

　2）その他の要因

　菓子の隣に飲料のように関連する商品部門を近接させて配置することは，顧客の円滑な移動を促す（Sommers and Kernan, 1965, pp.21-26）。そして，想起型や衝動型の非計画的購買を引き起こす可能性を高める。結果として，客単価を高めることにつながる。特定の季節に売れ行きが良いがその季節以外には売れ行きの悪い商品（季節品）は，その季節に売り切る必要がある。季節品を売り切るために，顧客にとって最も目につきやすく，手に取りやすい場所に配置することが重要である。

図表7-6　磁石売場

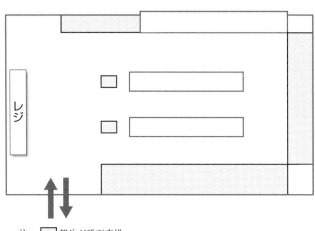

注：□部分が磁石売場。

(2) 売場面積の割り当て

　小売業者にとって，各商品分野への売場面積の割り当ては，収益性，商品特性，顧客の利便性，戦略的重要度などを考慮して決定すべきである。

　1）収益性

　収益性を考慮すれば，利益と売上高に注目して各商品分野の売場面積割り当てを案出することができる。すなわち，その2つで次元を設定し，各次元で高低を区別して，**図表7-7**のような4つのセルを作成し，それによって，以下のように商品分野を分類して売場面積の割り当てを案出することができる（Varley，2014，pp.186-187）。

　　①**利益増大商品（profit builders）**：顧客の注目する場所に配置するが，面積の割り当ては制限する。

　　②**スター商品（star performers）**：顧客の注目する場所に配置し，多くの面積を割り当てる。

　　③**空間浪費商品（space wasters）**：面積の縮小を検討する。

　　④**通行促進商品（traffic builders）**：顧客の店舗内回遊に活用する。

図表7-7　売場面積の割り当て

売上高

	低	高
高	①利益増大商品	②スター商品
低	③空間浪費商品	④通行量増進商品

利益率

出所：Varley（2014, p.187）

　また，在庫回転率の高い商品分野に広い売場面積を割り当てることがありうる。これは小売業者の商品に対する投資効率を向上させることにつながる。また，空間生産性（space productivity）の高い商品分野に広い売場面積を割り当てることもありうる。空間生産性とは，面積単位当たりの売上高のことである。m^2を面積単位とすると，1 m^2当たりの売上高を算出して，それによって空間生産性を捉える。なお，日本においては，坪を面積単位として，1坪（3.3 m^2）当たりの売上高を用いることが多い。

2）他の要因

　商品特性として，商品の大きさが売場面積の割り当てに影響を与えると考えられる。家具のようなサイズの大きな商品は陳列するためには広い空間を必要とする。

　顧客の利便性を考慮して，売場面積の割り当てを決定する必要がある。生活必需品などの特定商品分野において，顧客にとって，購買の選択肢を増加させて利便性を高めるために，売場面積を広く割り当てることがありうる。

　小売業者にとって重要度の高い商品分野については，広い売場面積を割り当てる。つまり，小売業者の事業ミッションにかなう商品分野には，大きな売場面積を割り当てる。

(3) 陳列位置と数量の割り当て

　小売業者は，各ブランド・品目を棚や台のどの位置にどれくらいの数量で陳列するのかを決定しなければならない。小売業界において顧客に露出する陳列最前面のことは，フェイス（face）と呼ばれる。小売業者は，収益性や他の要因を考慮して，総合的に評価して各品目の棚や台における陳列位置とフェイス数を決定する。その割り当て表のことはプラノグラム（planogram）と呼ばれる。

　なお，棚において，顧客にとって，目につきやすく，手に取りやすい陳列位置は，ゴールデン・ゾーン（golden zone）と呼ばれる。それは概ね，人の膝から肩の高さの範囲である（**図表7-8**）。そこは，顧客の買い上げ率が他の位置と比べれば高いと考えられる[11]。なお，一般的に，顧客の視線は左から右へ，上から下に動く。したがって，顧客から見て，棚の左側や上部が顧客にとって目につきやすい陳列位置になる。

1）収益性

　小売業者にとって収益性のある品目については，顧客にとって目につきやすく，手に取りやすい位置に多くのフェイスで陳列することが重要である。ただし，単一品目に多くのフェイスを割り当てれば，その品目に対する顧客による選択可能性を高めることができるが，逆にさまざまな品目の陳列を制限することになり，顧客にとって魅力のない品揃えの実現になってしまうおそれがある。

　なお，特定カテゴリーにおいて，収益性の高い品目とそれと比較対象になると考えられる品目を隣接して陳列することによって，収益性の高い品目に対す

図表7-8　ゴールデン・ゾーン

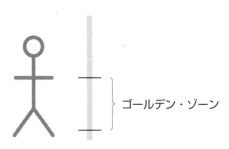

る顧客による選択可能性を高めることがありうる（Simonson, 1999, pp.349-350）。

　2）他の要因

　ブランド力の強弱に応じ，陳列位置やフェイス数を調整することが求められる。例えば，弱いブランドの購買を促すために，それには顧客にとって目につきやすく，手に取りやすい位置を与え，逆に，強いブランドには，その他の場所を与えるということがありうる。また，同様に，販売価格に応じ，陳列位置やフェイス数を調整することが考えられる。例えば，高価格の品目には，顧客にとって目につきやすく，手に取りやすい場所を与え，逆に，低価格の品目にはその他の場所を与えることがありうる。

2．商品陳列

　小売業者にとっての商品陳列の役割と種類を説明する。本書では，商品陳列を品揃えに関する活動として捉えているが，その役割は商品に関する情報の提供であるので，その意味では，商品陳列はマーケティング・コミュニケーションの一手段として捉えることもできる。

(1) 商品陳列の役割

　商品陳列の役割は，店舗外陳列と店舗内陳列に分けて考えることができる。

　1）店舗外陳列

　店舗外にいる通行人に対して，商品を提示するのが店舗外陳列である。直接商品を通行人に提示すること以外に，窓越しに商品を通行人に提示するウィンドー陳列を用いることがある。

　店舗外陳列の役割として，つぎのことが考えられる（Sullivan and Adcock, 2002, pp.216-217）。第1に，通行人の興味を引いてその来店動機を高めることである。第2に，扱い商品を見せることによって小売業者の評判を高めることである。

　2）店舗内陳列

　店舗内で買い物をする顧客に対して商品を提示するのが，店舗内陳列である。

店舗内陳列の役割として，つぎのことが考えられる（清水，1992，pp.184-187）。

　第1に，顧客の商品選択を援助することである。商品情報を的確に伝達することによって，顧客が目的の商品を購買することができるようにするのである。

　第2に，顧客の非計画的購買を刺激することである。商品の特性やそれを活用する場面を伝達することによって，店舗内で顧客の購買欲求を高めて衝動型や想起型の非計画的購買を生起させるのである。

(2) 商品陳列の種類

　商品陳列は，顧客による商品の取り扱いという点，陳列器具という点，陳列手法という点で，それぞれ種類を列挙することができる。

1) 顧客による商品取り扱い

　顧客が自ら直接商品を触れることができるかどうかによって，大きく2種類に陳列方法を分けることができる。顧客が自ら直接商品を触れることができる陳列は，開放陳列と呼ばれる。裸陳列という呼称もある。顧客が自ら直接商品を触れることができない陳列は，閉鎖陳列と呼ばれる。通常，商品はケースに入れられていて，顧客はケース越しにそれを見ることができる。

　小売業者は陳列方法を選択する際，自らが採用する販売方法への適合を考慮しなければならない。開放陳列は，対面販売（face-to-face seiling），セルフセレクション（self-selection），セルフサービスにおいて採用される。閉鎖陳列は，対面販売において採用される。なお，販売方法の選択は，第10章で説明する。

2) 陳列器具

　器具の違いによって，陳列の種類をいくつか見出すことができる（鈴木，2005，pp.115-167；新山，2010，pp.120-203）。

　①**ゴンドラ陳列**：区切られた棚に商品を並べる陳列である（**図表7-9**）。カテゴリーごとに整理して陳列ができる。最寄品を中心とした定番商品に多用される。

　②**ワゴン陳列**：台の上に商品を積み重ねておく陳列である（**図表7-10**）。顧

客にとって，商品が手に取りやすい。商品を見やすく，手に取りやすくするために傾斜のついた台を用いることがある。

③**カットケース陳列**：外装である段ボール箱を切って，それを陳列に用いる（**図表7-11**）。陳列器具に費用がかからないことから，価格訴求の際に用いられる。

④**ハンギング陳列**：ハンガーを使って，商品を吊り下げる陳列である（**図表7-12**）。主に洋服に用いられる。洋服については，折りたたむ手間を省けるため，作業効率の高い陳列である。

図表7-9　ゴンドラ陳列

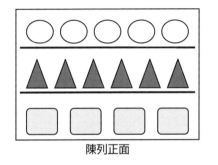

陳列正面

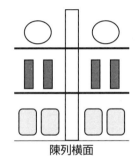

陳列横面

図表7-10　ワゴン陳列

図表7-11　カットケース陳列

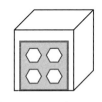

注：外枠はカットされた段ボール，六角形は商品。

図表7-12　ハンギング陳列

図表7-13　陳列場所

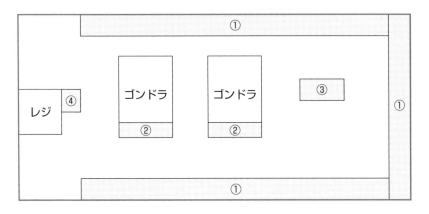

３）場所

陳列場所によって，陳列の種類をいくつか見出すことができる（Levy and Grewal，2023，pp.486-488）。

①**壁面陳列**：壁沿いに陳列棚をおき，商品を並べる陳列（**図表7-13の**①）。

②**エンド陳列**：ゴンドラ端に商品を並べる陳列である（**図表7-13の**②）。回遊中の顧客の目を引くため，特売コーナーとして活用されることが多い。

③**島陳列**：壁沿いの陳列棚から離れた通路の中央にワゴンをおいた陳列である（**図表7-13の**③）。回遊中の顧客の目を引くため，特売コーナーとして活用されることが多い。

④**レジスター前陳列**：勘定場のレジスター直近の陳列である（**図表7-13の**

④)。代金支払い時に，顧客に追加購買を促すために行われる。単価の低い商品が陳列されることが一般的である。

4）陳列手法

陳列手法の種類を，いくつか見出すことができる（鈴木，2005，pp.115-167，新山，2010，pp.120-203）。

①**大量陳列**：ワゴンなどに，同一商品を大量に積み重ねて陳列する手法である（**図表7-14**）。回遊中の顧客の目を引くため，特売の際に行われる。

②**ジャンブル陳列**：ケースや，かごのなかに，商品を投げ込むようにして陳列する手法である（**図表7-15**）。ばら売りの商品が集められることが多い。

③**プロジェクト陳列**：特定のテーマや演出の下，複数の商品カテゴリーから商品を集めて陳列する手法である。ライフスタイルや，商品用途の提案のために行われる。

図表7-14　大量陳列

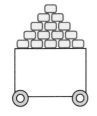

図表7-15　ジャンブル陳列

注

1）仕入先として，事業協同組合や共同仕入機構もありうる。

2）ただし，仕入先が小売業者から在庫を買い戻すこと（buyback）が商慣行上存在する。

3）委託仕入の場合，小売業者は商品の所有権を取得しないので，厳密には仕入と呼ぶことはできないかもしれないが，商慣行上，この表現が用いられる。

4）委託仕入と消化仕入は，衣料品分野で百貨店と生産者・卸売業者との取引において発展してきた。詳しくは，江尻（2003，pp.17-66）を参照のこと。

5）百貨店などの一部の小売業界では，返品条件付き買取仕入のことを委託仕入と呼ぶことがある。

6）アローワンスは，小売業者の広告活動に対する費用助成，商品陳列スペース確保費用という意味合いで仕入先が支払う。

7）経営学において，組織間の資源依存の問題として議論されてきた。詳しくは，山倉（1993, pp.35-41）を参照のこと。

8）制裁のような強制的勢力の行使ではかえって衝突が起きてしまう可能性が指摘されている（Lusch, 1976, pp.382-390）。専門性のような非強制的勢力が衝突の回避・抑制には重要である。

9）サプライ・チェーン・ロジスティックス（supply chain logistics），デマンド・チェーン・マネジメント（demand chain management）など，複数の類義語が存在する。

10）生産者・卸売業者が，小売業者と共同で計画して，需要予測と在庫補充を行うことをCPFR（collaborative planning forecasting replenishment）と呼ぶ。また，生産者・卸売業者が小売業者の在庫を管理することをVMI（vendor managed inventory）と呼ぶ。在庫補充，発注は，生産者・卸売業者が行う。

11）陳列位置の顧客の購買に対する影響は，商品によって違うと考えられる。関与レベルの高い商品と低い商品とを比べれば，低い商品のほうが陳列位置の顧客の購買に対する影響は大きいと考えることができる。詳しくは，守口（1989, pp.285-303）を参照のこと。

第**8**章

販売価格の決定

> 販売価格は，小売業者が顧客に提示する表示価格のことである。本章では，販売価格の決定について解説するが，これには，販売価格の決定方法とその調整を含める。まず，販売価格の決定方法を説明する。つぎに，販売価格調整を説明する。

第1節　販売価格の決定方法

まず，販売価格決定の方針を説明し，つぎに，その決定の基本的方法を説明する。続いて，商品の組み合わせに対して決定される販売価格を説明する。

1．販売価格決定の方針

小売業者は事業ミッションとマーケティング目標を受けて，販売価格決定の方針を明らかにする必要がある。例えば，小売業者の販売価格決定方針には，高品質イメージを維持するための高価格指向，市場浸透のための低価格指向，資金流入の確保のための低価格指向，市場の安定を考慮した価格競争回避，需要状況に対応した柔軟な価格決定などがありうる（McGoldorick，2002，pp.370-372）。

販売価格決定の方針は価格ゾーン（price zone）の決定に関連している。価格ゾーンは，取扱商品の販売価格の上限と下限を指している。価格ゾーンは，顧客が認知する小売業者のイメージに影響を与える。

2．販売価格決定の基本的方法

販売価格の決定には，費用，需要，競争という3つの影響要因を考慮しなければならない。どれを重視するかによって，3つの決定方法が識別できる。

(1) 費用重視型の決定方法

　小売業者が利益獲得を目指す以上，費用を考慮しなければならない。費用重視型の決定方法は，商品1単位当たりで商品提供にかかる費用を積算し，それに利益を上乗せして販売価格を決める方法である。一般にコスト・プラス法（cost plus pricing）と呼ばれる。小売業者においては，基本的に仕入商品を再販売するので，仕入価格に営業費用を加え，さらに営業利益を加えた価格になる。

　小売業者は，コスト・プラス法の一種であるマークアップ法（markup pricing）を採用する（徳永，1980，pp.125-162）。通常，小売業者は，マークアップを決めることで販売価格の決定を行う。マークアップは，仕入価格に加える上げ幅のことである。販売価格と仕入価格との差ということができる。販売価格決定の際は，マークアップを仕入価格に対する率（マークアップ率）として，あらかじめ決めておいて，各商品について仕入価格にマークアップ率を乗じてそれを仕入価格に上乗せして，販売価格を決定する方法である。値入とも呼ばれる。

　例示すれば，マークアップ率を30％と決めると，仕入価格100円の場合の計算式は，つぎの通りである。販売価格は130円になる。

販売価格 = 100円 × (1 + 0.3)

　マークアップ法を用いると，数多い商品に対して簡便に販売価格を決定することができる。そして，販売価格の変更はマークアップ率の変更で対応できる。値下げの場合，マークアップ率を引き下げることで対応するのである。ちなみに，値下げはマークダウン（markdown）と呼ばれる。小売業者は，販売にかかる費用，在庫回転率，需要動向，競争状況などを勘案して，商品部門，商品カテゴリー，商品グループなどごとにマークアップ率を決定する。

　小売業界では，マークアップ率は販売価格に基づいて示すことが多い。したがって，混乱を防ぐため，売価マークアップ率（販売価格に基づく），原価マークアップ率（仕入価格に基づく）などの用語で区別する。原価マークアップ率を売価マークアップ率に変換する計算式は，つぎの通りである。

$$売価マークアップ率（％表示に還元）＝\frac{原価マークアップ率}{100％＋原価マークアップ率}$$

なお，売価マークアップ率は小売業者が予定する粗利益率と同じである。ただし，実際の粗利益率は，販売価格や仕入条件の変更によって変動する。

(2) 需要重視型の決定方法

需要重視型の決定方法は，顧客の販売価格に対する判断や心理，顧客の支出能力を把握して販売価格を決める方法である。最も単純な需要重視型の決定方法は，消費者に特定商品に対してどの程度の販売価格が適当なのか評価してもらい，それに基づいて販売価格を決定する方法である。ここでは，顧客の販売価格に対する心理に関して，小売業者が考慮すべき，参照価格（reference price），高級感，割安感について説明する。

1）参照価格の考慮

顧客が商品の販売価格について高い，もしくは安いと判断する基準を心のなかに持っている。また，顧客は，小売業者に提示された同一商品の過去の販売価格や，同時に提示された他の商品の販売価格など，外部情報探索時に接する販売価格を基準に価格判断をする。前者は内的参照価格（internal reference price）と呼ばれ，後者は外的参照価格（external reference price）と呼ばれる（Meyhew and Winer, 1992, pp.63-64）。小売業者にとっては，参照価格を理解することが需要重視型の販売価格決定のために重要である。

内的参照価格は，顧客が持つ商品に対する価格イメージということができるが，顧客の購買経験，企業や他の顧客からの情報提供などによって形成される。顧客は内的参照価格を中心に商品の販売価格に対してある程度の受容範囲を有している（Lichtenstein and Bearden, 1989, p.56）。販売価格がその上限を超えると，当該商品を高いと判断して購買をあきらめ，その下限を下回ると品質について疑問を覚える。

小売業者にとって，内的参照価格は操作できないが，外的参照価格は操作可能である。同時に提示された他の商品の販売価格が外的参照価格になる場合，

小売業者は販売価格提示に工夫を凝らすことで，顧客の価格判断に影響を与えることができる。例えば，小売業者が特定商品の販売価格を提示する際，より低額な商品とともに提示するよりも，より高額な商品とともに提示するほうが，顧客はその商品価格を割安であると感じがちである（小嶋，1986，pp.104-109）。

2）高級感の考慮

商品の高級感を考慮して決定する，あえて高い販売価格のことはプレステージ価格（prestige price）と呼ばれる。顧客に商品知識がなく，品質を判断しがたい場合，顧客は，販売価格を品質判断の手がかりとして利用することがある。顧客は，販売価格が高いほど，品質も高いと判断しがちである。そのような場合，高品質商品に比較的高い販売価格をあえて付け，高級品であることを顧客に訴求するのである。また，見せびらかし消費のために商品が購入される場合にも，この価格は有効である（小嶋，1986，pp.198-199）。顧客は，高級品の購買とその消費に満足を覚えるのである。

3）割安感の考慮

顧客の抱く割安感や，抵抗感を考慮して付けられる販売価格に，端数価格（odd price）がある。顧客は切りのよい販売価格よりも，9とか8のような端数のついた販売価格を割安と感じることがある。例えば，200円よりも198円を割安と感じる。さらには，10,000円と9,800円と比べた場合では，9,800円のほうが，わずか200円安いだけではあるが，桁が1つ小さいため，「大台を割った」という感覚によって顧客は抵抗感を和らげる（小嶋，1986，pp.131-134）。このような端数の販売価格を，端数価格と呼ぶ。

端数価格が顧客に受け入れられる条件として，顧客による買い物時間の節約があげられる（Lambert，1975，pp.13-22）。顧客は，時間を節約しようとして，正確な割引額などの計算をせず，左側の数字に注目して販売価格を評価しようとするため，左側の数字が小さい端数価格を割安であると判断してしまいがちである。桁数の少ない端数価格の場合には，顧客は桁数だけに注目して販売価格を評価し，割安であると判断してしまいがちである。端数価格は多数の品目を購入し，単品の選択には時間をかけない場合には有効であるだろう。

(3) 競争重視型の決定方法

　競争者が存在する以上，小売業者は競争を考慮する必要がある。このため，商品カテゴリーや個別商品ごとに競争者の販売価格を把握する必要がある。競争者と同レベルの販売価格を決定すること，競争者より低いレベルの販売価格を決定すること，競争者より高いレベルの販売価格を決定することがありうる。このうち，競争者より高いレベルの販売価格は，小売業者の小売サービス・レベルが，競争者と比べて高い場合に採用される。競争者より低いレベルの販売価格は，競争者と比べて小売業者に対する顧客からの評判が劣る場合，価格訴求によって，市場シェアの獲得を狙う場合に付けられる。

3．商品の組み合わせを考慮した販売価格決定

　小売業者は，各商品について個別に販売価格を決定するだけでなく，商品の組み合わせを考慮して，販売価格を決定する。

(1) 商品構成を考慮した販売価格

　小売業者は，商品構成を考慮して，複数の商品に対して同一価格を決定したり，あらかじめ複数の商品・ブランド間で調整を図って，価格決定したりする。これには，つぎのような価格がありうる。

　①**均一価格**（uniform price）[1]：取扱商品すべてに付けられる同一販売価格のことである。顧客にとっては，販売価格に商品の品質が見合うかどうかの判断が下しやすいという利点がある。小売業者にとっては，割安さを強く訴求しやすい，販売価格の決定や在庫管理が容易であるという利点がある。

　②**価格ライン**：高級品は9,800円，中級品は7,800円，普及品は5,800円というように，商品が品質・グレード（grade）別などグループ（ライン）分けされ，グループごとに決定される販売価格のことである。各ライン内の個別品目には，同一販売価格を付ける。衣料品分野で用いられることが多い。価格ラインには，顧客，小売業者双方に利点がある（徳永，1980，pp.175-177）。顧客にとっては，品目が多い場合，品目別に販売価格がばらばらで

あるよりも，いくつかの少数ラインにまとめられて価格提示されるほうが，比較・選択しやすい。また，小売業者にとっては，品質・グレードが訴求しやすく，販売価格の決定と変更，在庫管理が容易である。

③**複数セグメント価格（multi-segment price）**：業界トップ・ブランドには，比較的高価格，2番手ブランドには，中間価格，プライベート・ブランドには，比較的低価格が決定されるような，ブランド力の差と価格感度（price sensitivity）の違う顧客グループの存在に対応して，同一商品カテゴリーにおける複数ブランドに対して差を付けて決定される販売価格のことである（McGoldorick, 2002, pp.383-384）。小売業者は，トップ・ブランドを価格感度の低い顧客に対して高価格で販売し，プライベート・ブランドを価格感度の高い顧客に対して低価格で販売するのである。

④**ユニット価格（unit price）**：ユニット価格とは，容量や重量による単位当たりの販売価格のことである。同一商品カテゴリーにおける複数品目間で分量が異なる場合，ユニット価格が表示されていれば，顧客は品目間で単位当たりの販売価格を簡便に知ることができ，販売価格比較を容易に行うことができる。

（2）購買促進を考慮した販売価格

小売業者は，複数商品や比較的高額の商品の購買を促進するため，複数の商品間で調整を図って販売価格の決定を行う。これには，つぎのような価格がありうる（Kotler *et al.*, 2022, p.278〔訳，pp.414-415〕）。

①**抱き合わせ価格（product bundling price）**：抱き合わせ価格は，複数の商品をセットにして販売する際に決定される販売価格である。セット価格とも呼ばれる。通常は，単品の販売価格を合計した総額よりも，かなり低い販売価格を付ける。小売業者が客単価増加を狙って付ける販売価格である。

②**オプション価格（optional-feature price）**：特定商品を補完すべく，選択的に他の商品を併せて購買するように顧客に勧める場合，その選択商品について決定される販売価格のことである。特定の商品（本体）にオプションを追加する際のその価格が典型的である。小売業者は，特定商品の販売

のみでは利益が獲得できない場合，選択商品の購買を誘導して，それらの組み合わせによって，利益が獲得できるような販売価格を決定する。

③**とりこ価格**（captive-product price）：とりこ価格とは，特定の商品（本体）の使用について，他の商品の消耗が不可欠である場合，本体商品に低い販売価格を付け，本体商品の購入をいわば捕虜のような形にしておき，他の商品について比較的高い販売価格を付けるような場合をいう。

第2節　販売価格調整

販売価格調整には，一定の条件下で販売価格を引き下げることと，表示される販売価格を恒常的に変更することが含まれる。前者は，割引と呼ばれる。後者には，値上げと値下げがある。基本的に小売業者の販売価格の変更は，マークアップ率の変更による。その際には，顧客の心理を考慮しなければならない。

1．割引

割引を設定することは，同一商品に複数の販売価格を用意することになる。なお，通常割引は顧客の支払額を減じる形で実施されるが，販売価格はそのままで，特定商品の購買に対して顧客に割引分を現金で払い戻すキャッシュ・バック（cash back）が存在する。また，分割払いによる購買が多い耐久消費財の場合，分割払い手数料（金利）を引き下げることで割引を実施することがある。

つぎに，割引条件，ロス・リーダー（loss leader），値入ミックス（margin mix）を説明する。

(1) 割引条件

小売業者が設定する割引の条件には，つぎのものがある（Nagle and Holden, 2002, pp.227-252）。

①**量的条件**：一定量（もしくは金額）以上の購買に対する割引は，小売業界においてよく見られる。数量割引である。購買数量の増加を目的とする。数量割引には，取引1回当たりの割引と，取引累積による割引がある。取

引1回当たりの割引では，同一商品の大量購買に対して適用されるのが通常であるが，複数商品を組み合わせて一定量以上購買した場合にも適応されることがある。取引累積による割引では，一定期間内に，小売業者の扱い商品を一定量以上購買した場合に適応される。このために，小売業者がポイント制を取り入れる例が多い。

②**支払い条件**：代金の早期回収を目的とした，現金での支払いに対して割引く現金割引が存在する。また，メンバーシップ条件との関連で，特定クレジット・カードによる支払いに対する割引が存在する。

③**顧客属性条件**：性別，身分・資格，年齢など顧客の属性による割引が存在する。特定顧客層の購買増加，企業イメージの向上，顧客固定化などを目的とする。女性割引，学生割引，高齢者割引などが，この例である。

④**メンバーシップ条件**：小売業者が，特定の会員組織メンバーに対して適用する会員割引が存在する。顧客固定化を目的とする。会員組織は自社で組織する場合，他社と共同で組織する場合，他社が組織する場合がある。会員カードを発行し，ポイント制を導入してポイント還元による割引を適用する例が多い。

⑤**時間的条件**：深夜，早朝，昼間などの特定時間帯，特定曜日，特定月日，特定季節における購買に対する割引が存在する。需要が減退する時期に購買を刺激する目的がある。バーゲン・セールも特定季節に行われるという意味では，これに含まれる。

⑥**地理的条件**：地理的条件による割引は，特定地域における割引であるといえる。特定地域に立地する小売店において実施する割引や，特定地域の顧客による購買に対する割引が含まれる。特定地域の顧客の購買増加を目的とする。複数の店舗を出店している場合，同一商品の販売価格が店舗によって異なっていることになる。

(2) ロス・リーダー

　小売業者は，特定の条件を付けずに，売上高の増加を図って特定商品（多くは，有名ブランドや購買頻度の高い商品）を格別に割引くことがある。仕入原

価と同等か，それを割り込んだ割引価格である。その対象商品は，ロス・リーダーと呼ばれる。ロス・リーダーは，来店促進と購買促進を目的とする。つまり，ロス・リーダーで誘引した顧客をついで買いにつなげることで，結果的に売上高の増加を図る[2]。また，特定商品の割引は，小売店全体に対する低価格イメージを形成することに役立つ。

　小売業界では，ロス・リーダーを中心とした割引によって頻繁に販売価格を調整することは，ハイ・ロー・プライシング（high/low pricing）と呼ばれる。その一方で，割引を実施せずに，競争者よりも低い販売価格を維持することは，エブリデイ・ロー・プライシング（everyday low pricing）と呼ばれる。それぞれ，つぎの利点がある（Levy and Grewal, 2023, pp.386-387）。ハイ・ロー・プライシングは，小売業者にとっては，価格感度の低い顧客に高い販売価格で購買してもらうことによって，利益を増加させることができる。また，売れ行きの悪い商品を低価格販売によって売り切ることができる。顧客にとっては，低価格品を獲得する興奮を得ることができる。エブリデイ・ロー・プライシングは，特売に関わる広告や店舗内作業を削減することで，営業費用を抑制することができる。また，割引によって生じる需要の短期的変動がないため在庫切れの可能性を減らすことができる。顧客にとっては，いつでも低い販売価格で商品を購買することが保証される。

(3) 値入ミックス

　ロス・リーダーはマークアップ率が０％に近いか，場合によっては，仕入原価を下回る販売価格になる。これでは，小売業者は利益を確保できない。利益を確保するため，小売業者は，ロス・リーダーとマークアップ率の高い商品と組み合わせて販売する必要がある。つまり，商品によってマークアップ率が異なることになる。異なるマークアップ率の商品を組み合わせることを値入ミックスという。

2．値上げ

　値上げは，仕入価格や営業費用の上昇，商品の品質や小売サービス・レベル

の向上に伴って行われる。値上げは需要の減退を招く危険性がある。したがって，顧客の価格感度を考慮しなければならない。これは，販売価格の変化に対する顧客の敏感さのことを指している。顧客の価格感度が高い際の値上げには，特段の注意が必要である。逆にいえば，価格感度の低い状況での値上げを画策することが賢明である。特定商品に対する顧客の価格感度は，つぎの場合に低くなる傾向がある（Nagle and Holden, 2002, pp.111-114）。

①顧客が既知の代替商品について十分な知識を有しない場合。

②当該商品がユニークな特徴を持つ場合。

③顧客が当該商品の消費・使用に際しさまざまな投資をすでに行い，競合商品に買い換えると，その投資が無駄になってしまう場合。

④顧客にとって商品間の品質比較が困難な場合。

⑤販売価格が品質のシグナルとなっている場合。

⑥顧客の所得に対する当該商品の購買支出の割合が低い場合。

⑦顧客にとって当該商品の購買が最終的な便益を得ることから派生してなされる場合。

⑧顧客の当該商品の購買支出が他者によって補われる場合。

⑨顧客自らで当該商品を貯蔵しておくことができない場合。

　顧客が値上げに抵抗感を覚える場合，小売業者は販売価格を変更せず，商品分量を減らすことによって実質値上げすることが見られる。

3．値下げ

　値下げは，需要の減退に応じて行われる。また，資金繰り，商品の入れ替え，売上高・利益の確保など小売業者側の必要性による在庫処分のためにも行われる。

　値下げは，顧客にとっては，商品の品質の劣化を疑わせる。また，商品の入れ替えに向けた在庫処分のために値下げする場合は，新たな商品への期待から顧客は買い控えを起こしてしまうかもしれない。

　値下げ前に商品を購買した顧客が値下げに対して不公平感を抱き，小売業者

に対して反発することがある。その場合には，その顧客は当該小売業者の店舗を出向先選択肢から外してしまうかもしれない。

　なお，値下げをしても売れ残った商品について，小売業者は，つぎの対応を行う（Levy and Grewal, 2023, p.399）。

　①他の小売業者への転売

　②同一資本のアウトレット店舗における販売

　③オークションを含むインターネットでの販売

　④仕入先への返品

　⑤チャリティー（charity）へ提供

　⑥つぎのシーズンへの持越し

注

1）100円ショップのような均一価格店の手法である。ただし，実際に全商品を均一価格にする例は少ない。

2）実際には，ロス・リーダーのみを購買するチェリー・ピッカー（cherry picker）が存在するため，小売業者の思惑通りに，売上高は増加しないことが知られている。

第**9**章

ロジスティクス

本章では，小売業者のロジスティクスについて解説する。本来ロジスティクスは調達から回収までの段階の物流活動を抱合するが，本章では，主に販売物流のうち小売業者の商品調達に関わる部分を取り上げていく。

小売業者にとって物流は取引先に対する発注によって具体的に始動するが，それは販売計画（sales plan）や仕入計画（buying plan）を前提に行われる。したがって，まず販売計画を説明する。それを受けて仕入計画を説明する。続いて，発注（order），輸送と保管，商品統制（merchandise control）を説明する。最後に，ロジスティクスを支える情報システムを説明する。なお，本章の内容は広義の在庫管理に相当する。

第1節 販売計画

マーケティング目標を受けて，小売業者は，企業，店舗，部門，商品カテゴリーごとに，売上高，粗利益，在庫回転率などの目標を示すことで販売計画を立案する。これら目標は，年間，月間，週間で設定される。

1．売上高目標

目標は予測に基づく必要がある。売上高予測に基づいて，小売業者は売上高目標を設定する。また，小売業者は売上高目標について採算性も考慮する必要がある。

(1) 売上高予測に基づいた目標設定

企業によく利用される売上高予測方法は，目安法，近似直線法（line fitting），移動平均法（moving average）のように過去の実績から傾向を読み

取って予測する方法である（小林，1992，pp.109-146）。また，過去の実績が十分蓄積されていない場合，類推法が採用される。

1）目安法

　目安法は，過去の売上高データをグラフ上にプロットし，そこから傾向を読み取って，傾向線を引いて将来の売上高を予測する方法である（**図表9-1**）。

図表9-1　目安法の例

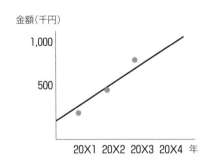

2）近似直線法

　近似直線法は，過去の売上高データを基にその傾向を示す数式を導き出して，そこから将来の売上高を予測する方法である。その数式は，つぎの通りである。

$$Y = a + bX$$

Yは売上高
Xは時間経過

　係数aとbは，最小自乗法（least squares fitting）によって算出する。これは，過去の売上高データをグラフ上にプロットして傾向線を引く際，引かれた線からデータ各点のずれの2乗和が最小になる線を求める方法である。

3）移動平均法

　移動平均法は，過去の売上高データを時系列で並べた時，特定期間（例えば，

図表9-2　移動平均の例

年	売上高（万円）	移動平均（万円）
20X1	1,230	
20X2	1,250	1,280.0
20X3	1,360	1,293.3
20X4	1,270	1,343.3
20X5	1,400	1,366.7
20X6	1,430	
20X7	1,470	

３年間）を設定して，それを１期間ずつずらして平均を算出し，その平均値から傾向を読み取って，将来の売上高を予測する方法である（**図表9-2**）。これは，時系列のデータを平滑にする。

　４）類推法

　類推法は，競合する可能性のある小売業者や店舗，あるいは自らと同様の状況下にある小売業者や店舗の売上高を調査し，それを参考にして，売上高を推定する方法である。また，業種や営業形態ごとに算出された業界平均や経営指標を参考にすることができる。

(2) 採算性

　小売業者は，採算性から見て必要な売上高を求めることも行う。採算性を判断するため，企業は通常，損益分岐点分析を行う（**図表9-3**）。一般に，損益分岐点を踏まえて，小売業者はそれを超える売上高を目標として掲げる。損益分岐点の計算式は，つぎの通りである。

図表9-3　損益分岐点

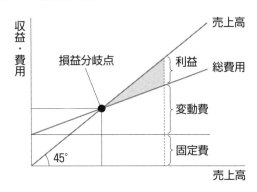

2．粗利益目標

　小売業者は，粗利益についても目標を設定する。粗利益および粗利益率の考え方は，つぎの計算式で捉えられる（徳永，1980，pp.135-140）。

$$粗利益＝売上高－仕入原価－値下げ分＋割戻分$$

$$粗利益率＝\frac{粗利益}{売上高}$$

　商品の粗利益率は，販売価格の値下げや仕入先からの割戻分がなければ販売価格決定時の売価マークアップ率が該当する。しかしながら，多くの場合，小売業者は値下げを実施し，仕入先からの割戻分を受け取るため，売価マークアップ率は即粗利益率とはならない。割戻分には，仕入の際の割引，販促協賛金，リベートなどが含まれる[1]。なお，粗利益から割戻分を除いた値は，実現マークアップ（maintained mark-up）と呼ばれる。

3．在庫回転率目標

　在庫回転率は，在庫が1年間に何回入れ替わっているのかを示す。商品回転

率とも呼ばれる。これは，売れ行きを示すと同時に，在庫管理の効率性を示す（徳永，1980，pp.30-32)。在庫回転率の高さは，商品の入庫から販売までの期間が短いことを意味している。在庫回転率は，つぎの計算式で求められる。なお，在庫高は販売価格（売価）に基づいた額を用いる。

$$在庫回転率 = \frac{年間売上高}{平均在庫高（売価）}$$

在庫回転率に類似した指標に，商品投下資本回転率（return on inventory investment)がある。在庫投資からどれだけ売上高が得られるのかを示している。商品投下資本回転率は，つぎの計算式で求められる。なお，在庫高は仕入価格（原価）に基づいた額を用いる。

$$商品投下資本回転率 = \frac{年間売上高}{平均在庫高（原価）}$$

一般に粗利益率の高い商品は，在庫回転率が低い傾向にある。その逆に，粗利益率の低い商品は，在庫回転率が高い傾向にある。そのため，粗利益率，在庫回転率どちらか一方だけでは，小売業者にとって，商品が効率よく利益を産み出しているかどうか評価できない。そこで，小売業者は，粗利益率と在庫回転率とをかけ合わせた交叉比率を用いる（木地他，1989，pp.37-40)。これが高い場合は，効率よく利益を産み出していると考えられるのである。交叉比率は，つぎの計算式で求められる。

$$交叉比率 = 粗利益率 \times 在庫回転率$$

なお，交叉比率に類似した指標に，商品投下資本粗利益率（gross margin return on inventory investment)がある。これは，粗利益率に商品投下資本回転率をかけ合わせたものである（徳永，1980，pp.25-28)。GMROIとも呼ばれる。交叉比率は，販売状況を評価することに適しているが，GMROIは，仕

入状況を評価することに適している。ただし，小売業界では，交叉比率を用いることが多い。

第2節　仕入計画

ここでは，仕入計画に，仕入予算と在庫量の計画を含める。

1．仕入予算

仕入予算の策定は，仕入に必要な資金を予定することであるが，年間，月間の売上高目標を踏まえて，目標とする在庫高を金銭的に決定することで求めることができる。売上高は，年間通して月々一定ということはありえず，月ごとに変動する。したがって，仕入予算も月ごとに策定することが通常である。また，小売業者は，店舗，部門，売場，商品カテゴリーごとに仕入予算を策定する。

小売業者に用いられる主な在庫高目標算出法を，つぎに紹介する（徳永，1980，pp.67-71）。なお，在庫高は，販売価格に基づいた額を用いる。

(1) 売上高在庫高比率法

過去の実績から，当月の売上高に対する在庫高の割合（比率）を算出することができる。それを用いて当月の在庫高目標を算定する方法を，売上高在庫高比率法と呼ぶ。簡便なため頻繁に用いられる。月売上高在庫高比率および月在庫高目標の計算式は，つぎの通りである。

$$月売上高在庫高比率 = \frac{月初在庫高実績データ}{月売上高実績データ}$$
$$月在庫高目標 = 売上高目標 \times 月売上高在庫高比率$$

月在庫高実績データは月末のものでもよい。実績データから算出した月売上高在庫高比率をそのまま用いるだけでなく，環境変化に合わせて，それを変更して用いることもありうる。

(2) 基準在庫高法

　基準在庫高法は，欠品回避を考慮した在庫高の決定方法である。これによれば，月売上高目標に基準在庫高を加えて，月在庫高目標を定める。基準在庫高は安全在庫高ということができるが，目標とする年間平均在庫高から月平均売上高を減じて求める。

$$
月在庫高目標 = 月売上高目標 + 基準在庫高
$$
$$
基準在庫高 = 年間平均在庫高目標 - 月平均売上高
$$

　また，目標とする年間平均在庫高は，つぎの計算式で求めることができる。

$$
年間平均在庫高目標 = \frac{年間売上高目標}{予定在庫回転率}
$$

　したがって，月在庫高目標は，つぎの計算式で求められる。

$$
月在庫高目標 = 月売上高目標 + （年間平均在庫高目標 - 月平均売上高）
$$

(3) 百分率変異法

　百分率変異法は，月の在庫高と年間平均在庫高の変動率は，月売上高目標と月平均売上高目標の変動率の半分であることを前提に，月初の在庫高目標を算定する方法である。例えば，ある月の売上高目標が，月平均売上高より20％多いとすると，その月初在庫高は，期間平均在庫高より10％増加すると考えるのである。在庫回転率の高い商品に適した算定方法である。

$$
月初在庫高予算 = 年間平均在庫高目標 \times \frac{1}{2} \left(1 + \frac{月売上高目標}{月平均売上高目標} \right)
$$

2．在庫量の計画

　仕入予算を受けて，小売業者は選定された商品について在庫量を計画する。
在庫量の計画は，商品の性格によって，ベーシック・ストック・オーダー・リ
スト（basic stock order list）と，モデル・ストック・プラン（model stock
plan）に分けることができる（清水，1992，pp.54-66）。

(1) ベーシック・ストック・オーダー・リスト

　ベーシック・ストック・オーダー・リストは，安定的に需要が見込まれる恒
常商品（staple merchandise）に対応する。品目ごとに在庫すべき数量を計画
して，リストを作成するのである。

図表9-4　ベーシック・ストック・オーダー・リストの例

品目	販売価格(円)	仕入価格(円)	販売予定数	在庫数量
Tシャツ黒Mサイズ	980	600	20	30
Tシャツ白Sサイズ	980	600	20	30
Tシャツ白Mサイズ	980	600	50	70
Tシャツ白Lサイズ	980	600	30	40
ポロシャツ黒Mサイズ	3,900	2,500	40	50

図表9-5　モデル・ストック・プランの例

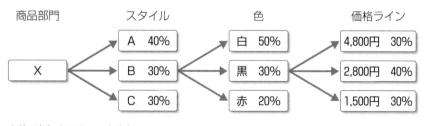

出所：清水（1992）p.56を改変。

　小売業者は，過去の実績，需要予測，仕入予算を踏まえ，ベーシック・ストック・オーダー・リストを作成する。**図表9-4**が，その例である。

(2) モデル・ストック・プラン

　流行商品（fashion merchandise）は，需要を予測することが難しく，時間経過による売れ行きの変動が大きい。したがって，ベーシック・ストック・オーダー・リストを作成することは困難である。モデル・ストック・プランは，流行商品に対応する。

　このプランは，商品部門から品目にまで，条件や商品属性によって段階的に仕入予算を分割することによって，仕入予算と仕入量を決定する方法である。あらかじめ，顧客の購買上重要な条件や商品属性を指定して仕入予算を決定するが，特定ブランドや品目を限定しない。なぜならば，流行商品の場合，どのブランドや品目が売れるのかは予測が難しいからである。

　例えば，**図表9-5**に示されているように，スタイルによって仕入予算を3つに分割し，そのうちBスタイルについて色系統によって3つに分割し，さらに，黒系商品について価格ラインによって3つに分割する。この過程で，仕入予算が決定される。

第3節　発注

　発注した商品が小売業者に納品されて，商品構成が実現する。ここでは，発注方法と発注量を取り上げる。

1．発注方法

　小売業者の発注方法には，大きく分けて定量発注法と定期発注法が存在する（天野，1991，pp.125-132）。

(1) 定量発注法

　定量発注法は，在庫量が減少して発注点に達した時に，一定量の発注を行う

方法である。発注点法とも呼ばれる。発注の時期や，発注間の時間的間隔は，決まっていない。発注にかかる事務的処理は軽減されるが，在庫量は増加しがちである。需要が安定的である商品に適用される。

発注点は，つぎの計算式で求められる。

発注点＝日平均販売量×リードタイム＋安全在庫量

(2) 定期発注法

定期発注法は，１カ月，１週間など，発注周期を決めて発注する方法である。発注の度に，発注量は変動する。その都度需要予測をして，日平均販売予定量を決定して，発注量を算出する。発注量を算出するための事務的処理が煩雑になりがちであるが，在庫量は減少しがちである。需要が不安定である商品に適用される。

発注量は，つぎの計算式で求められる。

発注量＝（発注間隔＋リードタイム）×日平均販売予定量－現在の在庫量
　　　　－発注済未着商品量＋安全在庫量

２．発注量

発注回数を減らして発注１回当たりの発注量を増やすと，発注費用は減少するが，在庫量が増加して保管費用が増加する。発注１回当たりの発注量を減らして発注回数を増やすと，在庫量は減少して保管費用は減少するが，発注費用は増加する。発注費用と保管費用の合計を最小化する発注量のことを経済的発注量（economic order quantity）という（**図表9-6**）（天野，1991，pp.132-134）。

発注費用は，小売業者における，発注に関する事務的処理にかかる費用を指す。発注に関する事務的処理には，在庫量や発注量の決定，仕入先との連絡・交渉，契約締結，代金支払い，納品確認などが含まれる。これらを行うための

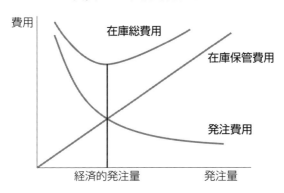

図表9-6　経済的発注量

費用

在庫総費用

在庫保管費用

発注費用

経済的発注量　　　　　　発注量

人件費や，通信費などがかかるのである。保管費用は，小売業者における保管
のためにかかる費用のことで，人件費，倉庫賃貸料，光熱費，保険料などを含む。
　経済的発注量の計算式は，以下の通りである。発注1回当たりの発注費用は
発注量の多少にかかわらず一定であること，商品には一定の保管費用がかかる
ことを前提としている。

$$経済的発注量 = \sqrt{\frac{2RC}{PI}}$$

Rは年間販売量
Cは発注1回当たりの発注費用
Pは仕入単価
Iは平均在庫額に対する保管費用率

第4節　輸送と保管

　本来ロジスティクスは軍事上の兵站を意味するが，企業にとっては基本的に
物流活動を指している。物流活動には，輸送（transportation），保管
（storage），包装（packaging），荷役（material handling），流通加工

（processing）という下位活動を含む。さらに，これらの活動を円滑にするための情報システム（information system）に関する活動も存在する。物流の段階には，生産のための原材料の工場に向けた移転を中心とする調達物流，原材料や半製品の企業内の工場・倉庫間の移転を指す生産物流，完成品の消費者まで移転を指す販売（製品）物流，返品や廃棄物などの消費者から生産側への移転を指す回収物流がある。

　ここでは物流ネットワークに触れた後，商品の輸送と保管について解説する。ここでの説明は輸送について生産者の拠点から小売業者の店舗まで，保管については小売業者の倉庫および店舗に限定する。さらに，輸送と保管に伴う活動を補足する。ちなみに，これらを生産者，卸売業者，小売業者が自社で行う場合と，物流業者などの第三者に委託する場合がある。第三者への委託はサード・パーティー・ロジスティックス（third party logistics）と呼ばれる。

1．物流ネットワーク

　生産者の拠点から小売業者の店舗までの物流ネットワークが構築される（**図表9-7**）。その構築を主導するのは，生産者，卸売業者，小売業者，物流業者のいずれかである。物流ネットワークは，拠点，経路，輸送手段（交通機関）から構成される（苫瀬，2021，p.47）。拠点はネットワークの結束点といえ，ノード（node）と呼ばれる。工場，倉庫，店舗など商品が発着・経由する施設がこれに該当する。経路は商品が移動する道筋を指す。道路，航路などがこれに該当する。ノードとノードをつなぐためリンク（link）と呼ばれる。輸送手段は経路に沿って商品を輸送するための手段を指している。これはモード（mode）と呼ばれる。

　物流ネットワークは，商品の特質，利用可能な輸送手段や倉庫，交通インフラの整備状況，事業者の能力，消費者のニーズなどによってさまざまである。

2．輸送

　各輸送手段の特質とこれらの選択について説明する。

図表9-7　物流ネットワークの例

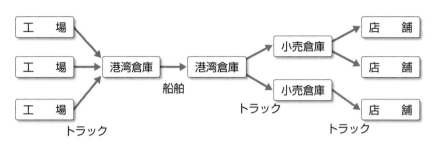

(1) 輸送手段

　主な輸送手段にはつぎのものがあり，それぞれ特質を列挙することができる（日通総合研究所，1991, pp.35-103）。

①**自動車**：ドア・ツー・ドア（door to door）で，需要に即応した輸送が可能。大量輸送，遠距離輸送には適さない。近距離においては運賃が割安。交通事故や環境問題の発生が問題視されている。

②**鉄道**：大量の財を一度に効率よく輸送できる。時間的に正確である（線路運行のため）。運賃負担力の小さい大量の財を中長距離輸送する場合，運賃が割安である。自動車との連携がなければ目的地まで運ぶことができない。

③**船舶**：運賃負担力の小さい大量の財を長距離輸送する場合，運賃が割安である。重量品，大量品に適している。輸送速度が比較的遅い。港湾施設に多額の費用がかかり，荷役費も割高である。自動車との連携がなければ目的地まで運ぶことができない。

④**航空機**：輸送速度が速い。運賃負担力の大きい小量の財や生鮮食料品を中遠距離で運送する場合に適している。荷傷みが少ない。自動車との連携がなければ目的地まで運ぶことができない。

(2) 輸送手段の選択

　輸送手段の選択に当たっては，輸送手段の特質を踏まえ，時間，費用，距離，

商品の特質，輸送量を検討しなければならない（阿保，1983, pp.82-83）。例えば，重量品を遠距離大量に輸送する場合には，船舶や鉄道が選択されるかもしれない。高い輸送費用が許容される商品を短時間で輸送することが求められる場合には，航空機が選択されるかもしれない。また，鮮度が重視される食料品を近距離で運ぶ場合には，自動車が選択されるかもしれない。

　複数の輸送手段の組み合わせを考慮する必要がある。生産拠点から消費拠点までの輸送は，ほとんどの場合，自動車を活用しなければ完結しない。つまり，鉄道，船舶，航空機を使う場合，自動車との連携が不可欠である。

　輸送途中で輸送手段を変更する際には，輸送手段間で貨物の積み替えが必要になる。できる限り荷役に関する作業負担を減らすため，貨物を取り崩すことなく積み替えることが望まれる。

3．保管

　生産と消費の間の時間的隔たりを架橋するために保管は必要である。小売業者にとって，保管は，調達した商品について，その品質を維持しながら，販売時まで保存することである。有利な取引条件を得る大量仕入や先行仕入，需要への常時対応を行うために保管は重要である。商品は保管施設の他，小売業者の店舗においても保管される。

(1) 倉庫

　保管施設は一般に倉庫（warehouse）と呼ばれる。倉庫では，入庫から出庫まで商品の品質を保つため，冷蔵・冷凍，防虫，遮光などの工夫が施される。

　倉庫には，担当する活動の範囲によって，大きく分けて，保管のみを担当する保管倉庫と，保管以外に，荷役，包装，流通加工などさまざまな活動を併せて行う流通倉庫がある（阿保，1983, pp.151-152）。流通倉庫には，物流センターないしは流通センター（distribution center），ロジスティック・センター（logistic center）など多様な呼び名がある。また，流通倉庫のうち，流通加工に重きをおいたものはプロセス・センター（process center）と呼ばれる。

　保管を目的とせず，商品の仕分けと積み替えに特化した物流施設にトランス

ファー・センター（transfer center）がある[2]。

　倉庫には，取引当事者（小売業者，卸売業者，生産者）保有と物流業者保有のものがある。物流業者が保有する他社の商品を預かるための倉庫は営業用倉庫と呼ばれる。

4．輸送と保管に伴う活動

　輸送と保管に伴う活動として，荷役，包装，流通加工がある。

(1) 荷役

　輸送・保管中，輸送手段への商品の積み込み，輸送手段からの荷下ろし，輸送手段間の積み替え，倉庫への移動，入出庫時の倉庫内の商品移動に関する作業を含む。また，入出庫時，指示通りに商品の入出庫がなされているかどうか，商品の破損や汚損がないか，品質が維持されているか確認する検品が併せて行われる。また，倉庫内の商品を整理分類する仕分けや，出庫時に指示に従い商品を選別するピッキングが行われる。

　現在，荷役に関する作業は，小型の荷物について人力による場合があるが，多くの場合，クレーン，フォークリフト，ベルトコンベアなどの機械によって行われる。また，荷役に関する作業をなるべく軽減するため，ユニット・ロード・システム（unit load system）と呼ばれる方法が採用されている。これは，貨物をある取扱単位にまとめた状態で，輸送，保管，荷役が行われる方法である。具体的には，標準化されたパレットやコンテナに貨物が積み込まれ，パレットやコンテナごとに，輸送，保管，荷役に関する作業が行われる（斎藤，1998，pp.54-56）。これにより，機械化が進むとともに，積み替えの際，貨物を取り崩す作業が省かれる。

(2) 包装

　一般的に，包装はつぎの3種類に区別されている。
　①個装：個々の商品に施される包装である。紙，アルミニウム，ポリエチレンなどさまざまな材料が用いられる。小売段階で贈答や保護の目的で追加

包装する場合がある。

②**内装**：外装と個装の間に，衝撃，光，熱，湿度などから商品を保護するために施される包装である。

③**外装**：輸送，保管，荷役時に，商品を破損・汚損から保護するため，外側に施される包装である。商品を集合単位にまとめる役割もある。主に，箱，袋，樽，缶などの容器が用いられる。

包装にはつぎの目的がある（唐沢, 2018, pp.211-213）。

①**商品の保護**：輸送，保管，荷役中に商品が破損・汚損しないように包装によって保護する。

②**商品の単位化**：一定の単位にまとめて包装し，輸送，保管，荷役中に，商品を量的に把握しやすくする。

③**作業の円滑化**：包装によって，輸送，保管，荷役中の作業を容易にする。

④**商品価値の向上**：包装（主に個装）によって商品が消費者にとって魅力的になる。

⑤**商品情報の表示**：包装用の容器に，商品に関する情報を表記することによって，商品の識別が容易になる。個装は，マーケティング・コミュニケーション手段になる。

(3) 流通加工

流通段階で行われる財に対する軽度の加工を流通加工と呼ぶ。流通加工において財の本質は変えない。切断，サイズ調整，組み立て，塗装，詰め合わせ，小分けなどがある。併せて，包装（とりわけ個装）が施されることが多い。

流通加工の目的は，消費ニーズによりよく適合し，無駄を最小化するため，財の形態の最終決定を延期することである（鈴木, 2016, pp.47-48）。例えば，衣服のサイズにおいて，消費ニーズに合わせると数多くの選択肢を用意する必要が生じる。すべての選択肢の在庫は小売業者にとって負担が大きい。そこで，選択肢を少なくし，小売段階で顧客に合わせてサイズ調整すれば，在庫負担を軽減しながら，消費ニーズに適合した商品提供が可能になる。

第5節　商品統制

　小売業者における商品統制は，販売目標，仕入予算，在庫計画と実績との間の差異について，管理レベルごとに精査し，修正を図ることを意味する。商品統制の考え方には，金額統制（dollar control）と数量統制（unit control）がある（天野，1991，pp.162-171）。金額統制は，金額的に把握されるデータによって統制することである。数量統制は，数量的に把握されるデータによって統制することである。金額統制は，店舗，部門，売場，商品カテゴリー，価格ライン・レベルなどにおける統制に適している。資金繰りを考慮するためにも，金額統制は欠かせない。数量統制は，品目レベルでの統制に適している。

1．店舗，部門，商品カテゴリーの統制

　各店舗，部門，商品カテゴリーについて，小売業者は金額統制を行う。売上高，在庫高，粗利益率，在庫回転率，交叉比率などによって，売れ行きや在庫状況を把握する。ここでは，部門の統制について考えていく。差異分析と貢献度分析を説明する。

(1)　差異分析

　例えば，部門の売上高，売上高構成比，在庫高，粗利益率，在庫回転率，交叉比率の実績について，各目標との差異を確認し，それがなぜ生じたのか分析し，改善策を講じることで，統制を行う。差異は商品に関する活動だけではなく，マーケティング全般にわたる活動から生じているかもしれないので，商品統制は，マーケティング統制の意味合いを持つことがある（Berman *et al.*, 2018, pp.524-525）。

　なお，目標未達成の時には，当然改善策を講じることが必要であるが，目標を達成している時であっても改善策を講じる必要があるかもしれない。例えば，在庫高が抑えられ，在庫回転率が高い時には，欠品が生じる可能性が高まる。したがって，販売状況によっては，欠品対策を講じる必要性がある。

(2) 貢献度分析

貢献度分析は，各部門の交叉比率に注目した分析である。**図表9-8**に例示されているように，各部門の売上高構成比と交叉比率をかけ合わせて，部門貢献比率を算出する（坂部，1997，pp.66-68）。そして，その貢献比率の百分比を計算して部門貢献度を算出する。貢献度によって各部門を順位付けて，下位の部門の改廃を検討することで統制を行うことができる。

図表9-8　貢献度分析の例

商品部門	年間売上高 （千円）	売上高構成比 （%）	平均在庫高 （千円）	粗利益率 （%）	商品回転率 （回）	交叉比率 （%）	貢献比率 （%）	貢献度 （%）
A	45,000	45	5,500	20.0	8.2	164.0	73.8	32.9
B	27,000	27	4,000	25.0	6.8	170.0	45.9	20.4
C	18,000	18	1,500	30.0	12.0	360.0	64.8	28.9
D	10,000	10	1,000	40.0	10.0	400.0	40.0	17.8
全体	100,000	100	13,000	25.2	7.7	194.8	224.5	100.0

出所：坂部（1997, p.67）。

図表9-9　ABC分析

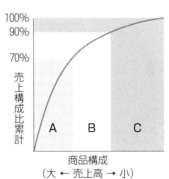

２．品目の統制

　品目について，小売業者は，金額統制とともに，数量統制を行う。在庫計画と実績との差異を確認し，それがなぜ生じたのか分析し，改善策を講じることで，統制を行う。統制のために小売業者が活用する代表的手法に，ABC分析と単品管理がある。

(1) ABC分析

　多数の品目をすべて同時に統制することは困難である。そこで，それらを売れ行きによってランク付けし，ランクごとに統制する手法であるABC分析が小売業者においては活用されている（川畑，2009，pp.69-76）。品目で捉えてみれば，ABC分析は，各品目について，売上高を把握し，全品目の売上高を総計し，それを用いて各品目の売上高構成比を算出する。つぎに，各品目を売上高上位から並べる。そして，上位から売上高構成比の累計を算出し，累計70％以下に含まれる品目をA，71〜90％以下に含まれる品目をB，91〜100％に含まれる品目をCと区分する（**図表9-9**）。Aの品目は売れ筋として重点化を図り，Cの品目は死筋の見極めをして，取扱いの是非を検討する。これは，販売数量および販売数量構成比によっても同様に行うことができる。

図表9-10　仮説検証サイクル

(2) 単品管理

　ABC分析に関連して，単品管理という手法が多くの小売業者に採用されている。単品管理とは，品目ごとに，販売数量を把握して，在庫や発注について，計画，実施，統制する手法である（国友，1998）。基本的に，売れ行きの良い品目は，在庫量や発注量を増加させる。そして，売れ行きの悪い品目は，在庫量や発注量を減らし，売れ行きの回復の見込みがない場合は排除する。

　通常，小売業者は，単品管理に仮説検証サイクルと呼ばれる手順を組み込む。これは，つぎのサイクルを指している（**図表9-10**）。環境を分析して，特定品目の売れ行きについて発注前に仮説を立て，仮説にしたがった量を発注する。実際に販売した後，その売れ行きデータを得て，仮説が正しかったのかどうか検証する。検証をフィードバックして，つぎの仮説立案に活用する。

第6節　情報システム

　流通において物流は商流に伴う。したがって，小売業者のロジスティクスを支える情報システムは商流と物流双方を捕捉するためのデータの統合的処理が求められる。商流に関するデータとして，販売データ，決済・金融データ，顧客データ，発注（仕入）データなどがある。物流に関するデータとして，運送データ，在庫データなどがある。

　小売業界において，販売時点情報管理システム，通称POS（point of sales）システムを中心とした情報システムが普及している。つぎにこれを説明する。近年，商品の販売，在庫，運送に関するデータをICタグによって把握する動きが広まっている。追加して，商流，物流双方に関わるICタグを説明する。

1．POSシステムの活用

　現在小売業者に活用されているPOSシステムは単なる販売情報管理システムというよりは，総合的な情報システムへと進化している。つまり，在庫情報システム，顧客情報システム，発注システム，決済システムを抱合する，あるいはそれらを連動させる中核システムになっている（**図表9-11**）。現在小売業

図表9-11　POSシステムを中心としたセブン-イレブンの情報システム

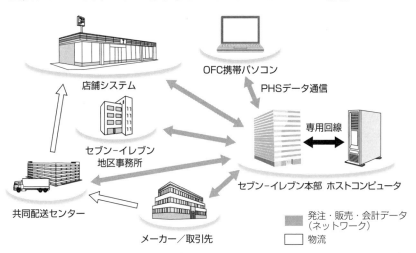

出所：セブン-イレブン・ジャパンwebページ（http://www.sej.co.jp/company/aboutsej/info_01.html）。

者はPOSシステムとそれに連動した発注システムを活用して精密な商品統制を実現している。

(1) 販売データの把握

　商品統制のためには，販売金額や販売数量といった販売データの把握が不可欠である。多くの小売業者において，販売データは，現在，POSシステムによって把握されている。店舗における決済時，いつ，どこで，どの品目が，いくらで，どれほどの数量売れたという販売データが把握・蓄積される。POSシステムがなければ，ABC分析や単品管理は困難である。POSシステムによって得られた販売データはPOSデータとも呼ばれる。

　多くのPOSシステムは，レジスターのスキャナー（scanner）で商品に付与されているバーコード（bar code）を読み取って，データを発生させ，把握している。売場に設置されたレジスターで把握された販売データは，各店舗でストア・コンピュータに集計される。そして，小売業者がチェーン・オペレーシ

ョンを採用している場合，全店舗分そのデータを本部で集計して蓄積する。

(2)　顧客データの把握

　小売業者は販売データと顧客データとの連動によって精密な商品統制を行う。これは，顧客ID付きPOSデータの活用と呼ばれる。小売業者は，顧客にポイントカードや会員カードを発行する。その際に，顧客の年齢や居住地などの属性に関するデータを入手する。買い物時に，顧客がそのポイントカードや会員カードを利用すると，小売業者はPOSシステムで，販売データを把握すると同時に，だれが（どのような属性の顧客が）購買したのかを把握する。

　個人を特定して購買履歴を把握することができると，特定商品の購買者，当該商品と同時に購買された他の商品，当該商品を特定顧客が購買を始めた時期や止めた時期，当該商品の購買のうちのリピート購買の割合などさまざまな事柄を分析することが可能になる（本藤・奥島，2015, pp.16-26.）。また，顧客の基本属性（性別，年齢，住所など）が把握できれば，顧客属性の違いによる購買パターンの抽出につなげることができる。

(3)　発注システムとの連動

　小売業者から仕入先への発注は，従業員間で口頭によって行われることや電話などの通信手段によって行われることもあるが，近年はコンピュータ・ネットワークを経由して行われることが多い。EOS（electric ordering system）と呼ばれるシステムが多くの小売業者に活用されてきた。これにより，店舗の端末から仕入先（もしくは仕入本部）へネットワーク経由で発注データを送信することによって，迅速で正確な発注を行うことができる[3]。そして，発注から納品までのリードタイムの短縮が実現する。

　EOSにおいては，店舗における，発注，請求，支払いなどをコンピュータで一元管理している。さらに，POSシステムとの連携が通常であるため，品目ごとの販売データと在庫データを結び付けて，的確な商品統制を可能としている。

　ただし，EOSは特定企業（もしくはチェーン）の社内ネットワークを拡張

して，特定企業間の受発注に活用されるシステムであるため，関係企業すべてには開かれていないという問題点を有している。仕入先にとっては，小売業者ごとにシステムが異なっているという問題点がある。そこで，近年は，EDI（electric data interchange）と呼ばれる，データ交換システムの導入が進んでいる。EDIは，商取引に関する情報を標準的な書式に統一して，企業間で電子的に交換する仕組みである。これでは，受発注に加え，決済，出入荷などに関わるデータについて，あらかじめ定められた形式にしたがって電子化して，コンピュータ・ネットワークを通じてやりとりすることができる[4]。

2．ICタグ

ICタグのシステムは，RFID（radio frequency identification）と呼ばれる電波を使った遠隔における対象物個体識別技術に基づいている。輸送用のコンテナや段ボール，個別の商品パッケージにICチップを埋め込み，識別データを入力する。ICチップからは電波が放たれ，個体識別データが発信される（**図表9-12**）。倉庫や店舗において，遠隔に置いてあるリーダライター（reader/writer）と呼ばれる受発信機がそれを受信する。コンピュータにそのデータは送られ，処理され，特定のコンテナ，段ボール，商品が識別される。

図表9-12　ICタグ・システムの例

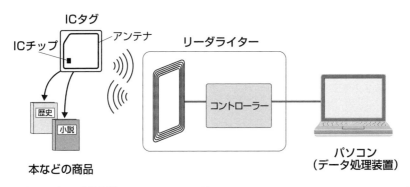

出所：財団法人千葉県産業振興センター webページ（http://www.ccjc-net.or.jp/~kouza/rfid/rfid02.html）。

　個別の商品パッケージにICチップを埋め込む動きが広がることによって，ICタグは，バーコードを用いたPOSシステムにとって代わることが期待されている。バーコードに対するICタグの利点は，つぎの通りである。まず，バーコードのように，精算時スキャナーで読み取る必要がない。そして，一度に多くのICタグを読み取ることができる。そのため，精算に関する作業が効率化する。

　さらに，ICタグによって，小売業者は，正確なリアルタイムの在庫データを低費用で入手することができる。また，サプライ・チェーン上，生産者による出荷から小売業者による販売まで，商品がどこに存在するのか捕捉し続けることができる。これらは小売業者にとって在庫削減や欠品防止に役立つ。ちなみに，小売業者がICタグの読み取りによって消費期限が迫っている商品を特定し，当該商品の値引きやポイント還元などの措置を講じて，顧客の購買意欲を喚起し，廃棄ロスを防ぐなど食料品ロス削減への活用の試みがある（和田，2022, pp.37-41）。

注

1 ）割戻分におけるいくつかの項目については，粗利益に組み入れず，営業外収益に組み入れる会計処理がありうる。

2 ）自動車から積み下ろした商品を保管せずにすぐさま仕分けて，別の自動車に積み替えて出庫することをクロスドッキング（cross-docking）と呼ぶ。

3 ）近年，欠品や過剰在庫を防ぐため，店内の商品陳列を確認しながら発注できるポータブル型の発注用端末が普及している。この端末では販売データや在庫データなど発注に必要な情報を閲覧できるようになっている。

4 ）例えば，卸売業者が商品を小売業者の倉庫や店舗に出荷した際，事前出荷通知（advance shipping notice：ASN）を小売業者にEDIを通じて送信する。これには，発注番号，商品コード，数量，到着予定日などが含まれている。小売業者はこれにより入庫のための荷役準備ができ，作業の効率化につながる。

第10章 マーケティング・コミュニケーション

本章では，マーケティング・コミュニケーションについて解説する。まず，コミュニケーションとしての意義を説明する。つぎに，さまざまなコミュニケーションの手段について説明する。最後に，コミュニケーション計画について説明する。

第1節 マーケティング・コミュニケーションの意義

企業のコミュニケーションには，告知する（inform），説得する（persuade），想起させる（remind）という3つの意味が含まれる。一般的に企業のマーケティング・コミュニケーションとは，企業が消費者に対して，直接的，間接的に，商品やブランドに関わる情報を提供し，購買を促し，記憶を呼び起こす手段である（Kotler *et al.*, 2022, p.290〔訳，p.436〕）。さらに企業と消費者との間の関係を構築する手段でもある。商品購買を促進する点に注目すれば，マーケティング・コミュニケーションはプロモーション（promotion）である[1]。

小売業者にとってマーケティング・コミュニケーション活動は，つぎの3つの目的を持つ（Sullivan and Adcock, 2002, p.211）。

①**来店促進**：顧客に商品を購買してもらうためには，自らの店舗に出向してもらわなければならない。

②**購買促進**：商品の購買刺激は顧客の店舗出向前と店舗内で行うことが可能である。ただし，自らの店舗に顧客が出向したとしても，店舗内で商品を購買するかどうかは確実ではない。そのため，店舗内で購買を刺激することが重要である。

③**好意（good will）形成**：小売業者に対する顧客の好意は，買い物の際の店舗選択に影響を及ぼす。

　店舗小売業にとって，そのコミュニケーションを店舗外と店舗内に分けて捉えることができる（Sullivan and Adcock, 2002, pp.212-213）。店舗外コミュニケーションは主に来店促進と好意形成に関連する。この手段として本章では，広告，パブリシティー，セールス・プロモーションが含まれると考える。店舗内コミュニケーションは主に購買促進に関連する。この手段として，本章では，人的販売（personal selling），セールス・プロモーションが含まれると考える。

第2節　マーケティング・コミュニケーション手段

　マーケティング・コミュニケーションをどのように捉えるのか，そしてその結果，どのような手段をそこに含めるのかについては，さまざまな見解が存在する。最広義には，マーケティング活動全般が含まれる。顧客が接することになるマーケティング活動すべてをコミュニケーション活動として捉え，それらを統合して運営しようとする，統合的マーケティング・コミュニケーション（integrated marketing communication）という考え方が提唱されてきた（Schultz and Schultz, 2003〔訳，2005〕）。ここでは，商品そのものや価格はコミュニケーション手段には含めない。

　まず，近年マーケティング・コミュニケーションに関する議論の俎上に乗ることが多い3つのメディア（triple media）を取り上げる。これを踏まえて，小売業者のマーケティング・コミュニケーションとして，広告，パブリシティー，人的販売，セールス・プロモーションを説明する。なお，インターネット（internet）によるコミュニケーションについては，第11章で説明する。

1．3つのメディア

　企業のマーケティング・コミュニケーション手段を整理するために，近年，オウンド・メディア（owned media），アーンド・メディア（earned media），ペイド・メディア（paid media）という3つのメディアが取り上げられる（横山，2010）。効果的なマーケティング活動のためには，企業にはそれらの統合的な運用が求められる。

(1)　オウンド・メディア

　企業が保有し，自らで情報伝達することができるメディアである。小売業者にとっては，店舗，販売員，カタログ，自社webサイト，SNSにおける公式アカウント，自社制作スマートフォン・アプリなどが含まれる。提供する情報，提供の時期などを企業が決定し，実現することができる。そのため，利点として，企業によって統制可能であることがあげられる。つまり，企業が望ましいと考える情報を詳細に消費者に伝達することができる。したがって，マーケティング・コミュニケーションの拠点として，長期的なブランド構築のために必要である。ただし，不利点として，企業が統制する情報を消費者が信用するとは限らないことが指摘できる。

(2)　アーンド・メディア

　消費者，メディア企業など他者が保有し，他者が情報伝達するメディア（もしくは他者に伝達される情報）である。企業にとって，それは「獲得する」メディアであるが，獲得すべきなのは消費者をはじめとする公衆（public）の評判である。報道機関による報道，対面クチコミ，インターネット上の商品比較・評価サイト，SNS，個人のブログなどが含まれる。第三者によって企業評価を含む情報が伝達される。不利点としては企業がそれを統制することができないことがあげられる。しかし，これは利点にも転じ，このメディアの情報は人々に信用されやすい。

(3)　ペイド・メディア

　企業が有料で情報伝達してもらうことが可能な他者が保有しているメディアである。テレビ，ラジオ，新聞，雑誌，インターネット，屋外看板などが含まれる。広告（advertising）全般がこれに対応する。利点として，幅広く消費者に情報が到達する可能性があり，企業やその商品の存在を消費者に認知させ，それらに消費者の注目を向けさせることにつながる。利点として，企業が情報伝達について統制可能なメディアであることがあげられるが，それゆえに，不利点として，企業が統制する情報を消費者が信用するとは限らない。

２．広告

　小売業者にとっての，広告の意義と種類を説明する。

(1) 広告の意義

　広告とは，明示された広告主が，非人的手段を通じて，有償形態で，製品，企業，アイディアに関する情報を伝達する手段である。広告といった場合，広告活動と広告による情報内容双方を指す。広告は有償形態という点でペイド・メディアによる情報伝達であり，後述するパブリシティーと区別される。

　一般的に，つぎのような広告の特質があげられる（宮澤，1995，p.199）。それらは，広告が非人的手段を通じたコミュニケーションであることに起因する。

　①潜在顧客1人当たりの伝達費用が比較的低い。

　②一貫して同じメッセージが伝達できる。

　③基本的に，企業側から消費者側への一方向コミュニケーションである。

　④比較的弾力性に欠ける

　⑤受け手の個別状況に対応した情報伝達ができない。

　⑥ターゲット以外の消費者にも情報伝達することが多い。その点非効率な場合がある。

(2) 広告の種類

　企業による広告は伝達情報によって，商品広告と企業広告が存在する。小売業者は品揃えによって顧客を誘引する。個別の商品だけで消費者を誘引する機会は多くない。したがって，生産者と比べれば，小売業者にとっては，個別の商品をとり上げた広告を用いることはまれである（清水，1992，pp.196-198）[2]。

　複数企業が共同して広告活動を展開する共同広告がある。小売業者の場合，他の小売業者と共同で出稿する場合がある。また，小売業者が生産者や卸売業者と共同で出稿する場合がある。これには，小売業者による広告が生産者や卸売業者のブランドのマーケティング・コミュニケーションにつながる場合，その広告費用を生産者や卸売業者が負担することを含む。

広告のメディアにはつぎのようなものが存在する（清水，2014，pp.162-198）。広告メディアとは，広告メッセージを伝達する装置・道具のことである。

①**テレビ**：視覚と聴覚の両方を刺激するメディアである。カラー表現で動画を用いることができるため，視聴者を引き付けやすい。比較的信用度が高いメディアである。反復露出によって商品等の認知率を高めることに適している。

②**ラジオ**：聴覚に訴えるメディアである。「ながら聞き」が可能なため，自動車の運転のような作業を行いながら，聴取されることが多い。聴覚のみに訴えかけるので，聴取者のイメージがふくらむ。CM制作が容易なので，タイムリーな内容変更が可能である。

③**新聞**：活字によって説明することができるため，詳細な情報を伝えやすい。読者は反復して同じメッセージを読むことができる。また，保存しておいて読みたい時に読むことができる。比較的信用度が高いメディアである。

④**雑誌**：活字によって説明することができるため，詳細な情報を伝えやすい。読者は反復して同じメッセージを読むことができる。また，保存しておいて読みたい時に読むことができる。比較的信用度が高いメディアである。企業はターゲット顧客を絞り込みやすい。

⑤**チラシ**：商品や小売業者に関する情報の提供のために消費者に配布される紙である。新聞に折り込んで配布されることが多い（折り込みチラシ）。特定地域に絞り込んで各家庭に配布することができるため，小売業者の地理的標的を捉えたマーケティング・コミュニケーションの展開に適している。

⑥**屋外**：看板や映像ディスプレイ（映像表示装置）など，固定的な器具を活用したものの他，自動車や飛行物体の移動可能な機械を活用したものが存在する。繰り返し，同一情報が顧客に視認される。映像ディスプレイでは，動画や音声を流すことが可能である[3]。

⑦**交通**：公共交通機関における何らかの場所に設置される看板，印刷物，映像ディスプレイなどを含む。繰り返し同一情報が顧客に視認される。交通機関の沿線地域に密着した広告に適している。

⑧**インターネット**：webサイト上では，文字，画像，動画を用いることができる。また，音の配信も可能なことから，視覚と聴覚両方を刺激する。

　以上のうち，テレビ，ラジオ，新聞，雑誌はマス・メディア（mass media）と呼ばれる。多数の潜在顧客に一挙に情報伝達が可能なメディアである。ただし，一方向コミュニケーションの性格が強い。先述の広告の特質はマス・メディアに顕著に見られる。インターネット広告には双方向性があり，ターゲットを絞って情報提供することが可能であるため近年伸長している。これについては第11章で説明する。

　なお，企業が，広告に準じたメディア料金を支払い，報道・記事のような体裁でメッセージ伝達を図る広告手法をペイド・パブリシティー（paid publicity）と呼ぶ。また，これに関連した手法として，企業が，料金を支払って，テレビ番組や映画のなかで自社製品を登場させるよう手配するプロダクト・プレースメント（product placement）がある（清水，2014, p.378）。

3．パブリシティー

　パブリシティーの意義と種類を説明する。

(1) パブリシティーの意義

　パブリシティーとは，報道機関に対し，企業が自社に関する情報を提供し，ニュースとして報道されるように働きかけることをいう（Kotler *et al.*, 2022, pp.322-323〔訳，pp.495-497〕）。アーンド・メディアによる情報伝達の1つである。企業はメディア使用料を支払わずに，報道機関によって自社に関する情報が報道されるが，広告と違い，その報道は当該企業にとって統制可能ではない。したがって，当該企業にとっては不都合な内容を不適切な時期に報道されるかもしれない。第三者である報道機関の判断によって報道内容が選択されているため，その報道は消費者には広告や人的販売による情報より信用されやすい。パブリシティーは，企業や商品に対する顧客の好意獲得に重要な役割を果たすのである。また，パブリシティーは，消費者だけでなく，投資家や従業員など

広くステークホルダー（stakeholder）全般に向けられている。

　パブリシティーに関連した概念にPR（public relations）がある。PRは，公衆（消費者，政府，投資家，仕入先，従業員など）の間で，企業に対する良好なイメージを助長するためのあらゆるコミュニケーション活動を含む（Berman *et al.*, 2018, pp.490-491）。例えば，小売業者にとっては，業績報告書の作成と配布，イベントへの寄付，企業ミュージアムの設立，店舗見学会の開催，従業員による地域の清掃などがその活動に含まれる。パブリシティーはPR活動の1つである[4]。

(2) パブリシティーの種類

　パブリシティーには，受動的パブリシティーと能動的パブリシティーがある（清水，2009, pp.372-373）。受動的パブリシティーは，報道機関の取材活動に対して協力する場合であり，能動的パブリシティー活動は，企業から報道機関に対して自社に関して報道してもらえるよう働きかける場合である。そのような働きかけには，記者会見の開催，記者招待，ニュース・リリース（news release）の送付などがある。

4．人的販売

　人的販売の意義と種類を説明する。さらに，人的販売の展開に関連する販売方法を追加的に説明する。

(1) 人的販売の意義

　人的販売は，販売員と顧客との間の直接的な会話によるマーケティング・コミュニケーション手段である。オウンド・メディアによる情報伝達である[5]。これは，小売業者が店舗内で販売員を通じて商品に関する情報を伝達することによって，顧客の購買意欲を喚起するのである。購買促進の武器となるといえる。また，販売員は，情報提供の他に，受注，代金回収，配送，顧客情報収集も併せて行う。

　人的販売の特質には，つぎのものがあげられる（宮澤，1995, pp.209-210）。

以下の特質は，人的販売が人を通じたコミュニケーションであることに起因する。

①同時双方向コミュニケーションである。

②受け手の個別状況に対応した情報伝達できる。

③弾力的に運用できる。

④受注に結びつきやすい。

⑤顧客の非計画的購買を刺激する。

⑥同時に顧客情報の収集を行うことができる。

⑦潜在顧客1人当たりの伝達費用が比較的高い。

人的販売に対しては，高圧的販売（high pressure selling）の問題が取り上げられて批判される。販売員が，商品知識の乏しい消費者につけ込んで，情報を適正に提供せず，時には虚偽の情報を提供して，詐欺的に販売することが社会問題として，たびたび取り上げられている。

ただし，販売員は，単に販売担当者というだけでなく，企業を代表して顧客と接触する任務を負うため，小売業者に対する顧客の好意形成に貢献する。さらに，販売員は，消費状況を把握して，その情報を小売業者にもたらす。時には，小売業者における顧客の代弁者となることもある[6]。

(2) 販売員の種類

販売員は，役割の違いによって，つぎのものが考えられる（Perreault and McCarthy，1999，pp.415-421）。

①**注文創造型（order getting）**：オーダー・ゲッターと呼ばれる。見込みのある買い手を探索し，商品情報を提供し，購入を説得し，新規の受注を獲得する

②**注文維持型（order taking）**：オーダー・テイカーと呼ばれる。買い手が指名購入する場合に注文取りをしたり，継続的取引において定期的に既存の買い手に対応して関係維持を図ったりする。

③**支援型（supporting）**：活動範囲を限定して，注文創造型販売員や注文維

持型販売員を支援する。例えば，受注にはかかわらず，商品情報の提供や
アフターサービスなどに特化した役割を担う。

(3) 販売方法

　店舗における販売方法には，つぎのようなものが含まれる（日本経済新聞社，
1963，pp.29-34）。

①**座売り**：販売員が顧客と直接対面して購買援助を提供（接客）しながら，
　販売する方法の１つである。通常，販売員は店舗内で座って顧客の来店を
　待ち，商品はその販売員の背後や倉庫内に置かれる。顧客の要望に応じて，
　販売員が商品を背後や倉庫から取り出してきて顧客に見せる。顧客は，商
　品を自由に手に取って見ることはできない。

②**対面販売**：販売員が顧客と直接対面して購買援助を提供しながら販売する
　方法のことである。ここでは，座売りを除いた直接対面による販売方法を
　指している。店舗内に接客カウンターが設置され，販売員はカウンターを
　挟んで顧客と対面して販売することが多いため，対面販売はカウンター・
　セリング（counter selling）とも呼ばれる。その場合，商品はガラス・ケー
　スのなかや，販売員の背後の陳列棚に並べられることが多い。顧客の要望
　に応じて，販売員は商品をケースや陳列棚から取り出してきて顧客に見せ
　る。

③**セルフセレクション**：顧客が開放陳列されている商品を自由に手に取りな
　がら，選択して購買することができる販売方法の１つである。勘定場は各
　商品部門の売場に設置されていて，顧客が代金決済を行おうとする際，各
　勘定場において販売員はそれに応対する。顧客が依頼した時には，販売員
　は購買援助を提供する場合がある。

④**セルフサービス**：顧客が陳列されている商品を自由に手に取りながら，選
　択して購買することができる販売方法の１つである。原則的に販売員は，
　顧客に購買援助を提供しない。店舗内では顧客の入口と出口が別れており，
　勘定場は出口付近に設置されている。顧客は自由に手に取って選択した商
　品をカゴに入れ，そのカゴを自ら勘定場に持って行って一括して代金決済

を行う[7]。

5. セールス・プロモーション

小売業者にとっての，セールス・プロモーションの意義と種類を説明する。

(1) セールス・プロモーションの意義

広告，パブリシティー，人的販売に含まれないマーケティング・コミュニケーション手段の集合をセールス・プロモーションという。これにどんな手段を含まれるのかは，論者によってまちまちである。セールス・プロモーションはあいまいな概念であるといえる。広告や人的販売を補完する役割を担っている。オウンド・メディアによる情報伝達と捉える。

小売業者のセールス・プロモーションは，店舗外で展開されるものと店舗内で展開されるものに分けることができる（Sullivan and Adcock, 2002, p.212）。店舗外，店舗内とも，セールス・プロモーションは来店促進と購買促進を図るものである。

(2) セールス・プロモーションの種類

ここでは，店舗外と店舗内に分けて，小売業者が頻繁に用いる手段を解説する。

1）店舗外セールス・プロモーション

小売業者に利用されることが多いものとして，クーポン（coupon）があげられる。クーポンは，特定商品の割引や特典の提供を約束した紙片のことである。現在では，パソコンやスマートフォンで受け取ることができるデータの形態で提供されることが多い。紙片の場合，新聞，雑誌，チラシ，冊子などに付けられて，潜在顧客に配布される。データ形態の場合，SNSで配布されることや特定サイトでダウンロードされることが一般的である。

これに関連して，会員カードを発行している小売業者では，顧客の購買履歴を把握し，それを分析して，得意客に対して，ポイント還元，割引，商品の無料提供などを行う。フリクエント・ショッパーズ・プログラム（frequent shoppers program：FSP）と呼ばれる。小売業者は会員を選別して，割引の実施，ポイントの付与，クーポンの発行を行う[8]。

２）店舗内セールス・プロモーション

人的販売以外の店舗内情報提供がここにまとめられる。購買時点で消費者に情報を伝える手段の集まりといえる。一般的にインストア・プロモーション（in-store promotion）と呼ばれるものが含まれる[9]。商品陳列もこれに含まれると考えられるが，商品陳列については第７章で取り上げている。店舗内情報提供は商品購買の促進を目的とするが，とりわけ非計画的購買を刺激することに適している。店舗内セールス・プロモーションは，顧客に対して，販売員による商品に関する説明を補完する役割もしくは販売員に成り代わって説明する役割を担う。

商品陳列以外で，店舗内セールス・プロモーションの手段・道具には，つぎのようなものが存在する（Sullivan and Adcock, 2002, p.220）。

①**カード**：商品情報の提供のために商品の側に添付される紙片である。カードには，販売価格，商品機能，使用方法などが書き込まれる。小売業界では，カードをもってPOP（point of purchase）広告と呼ぶことが多い。

②**配布物**：商品情報の提供のため，店舗内で配布される印刷物。店舗外で配布されたチラシと同じものが配布されることがあるが，店舗内用にパンフレットやカタログとして別途制作されることもある。

③**表示板（signage）**：商品の特性，価格，配置などの情報を示すための看板である。近年は，屋外同様，映像ディスプレイが多く使われるようになってきた。

④**アナウンス（announcement）**：店舗内の音声による情報提供である。商品に加え，店舗内の施設，催事などに関する情報を提供する。

⑤**情報提供端末（interactive kiosk）**：双方向通信可能な情報通信端末によって，店舗や商品の案内を行う。情報提供以外に，各種チケットの発券，通信販売の受注なども併せて行うことができる。

⑥**売り出し（special sales）**：特定の期間に特定商品を特別に販売することである。これには，バーゲン・セールのように格別の割引で商品を販売す

る場合と，展示即売のように，通常は当該店舗では取扱いのない商品や入手困難な商品を販売する場合が含まれる（神谷，1978，221-244）。

⑦**催事**（special events）：音楽や演劇のショー，講演会など，さまざまなものが含まれる。

第3節　マーケティング・コミュニケーション計画

マーケティング計画を受けて，マーケティング・コミュニケーション計画が立案される。これには，マーケティング・コミュニケーション目標，マーケティング・コミュニケーション・ミックス，マーケティング・コミュニケーション予算が含まれる。マーケティング・コミュニケーション計画は，各マーケティング・コミュニケーション手段に関する意思決定を統合する役割を持つ。

1．マーケティング・コミュニケーション目標

情報受信者の反応過程を説明した後，それに対応したマーケティング・コミュニケーション目標の設定を説明する。加えて，販売目標を説明する。

(1) 情報受信者の反応過程

マーケティング・コミュニケーション目標は，情報受信者の反応過程を理解して設定されなければならない。一般に，人の行動へと至る過程は大まかに，つぎの3段階からなる（Lavidge and Steiner, 1961, pp.60-61）。

①認知：対象（小売業者や商品）の存在を知る。

②情動：対象について関心を示し，評価をする。

③行動：対象にまつわる行動をとる（店舗出向，商品購買）。

ちなみに，反応過程はつぎの過程のようにさらに細かく分けることができる。それぞれの段階の英単語の頭文字をもって，AIDMAモデルと呼称されている。

①注意（attention）

②関心（interest）

③欲求（desire）

④記憶（memory）

⑥行動（action）

(2) マーケティング・コミュニケーション目標の設定

　つぎに，受信者の反応過程に対応させ，来店促進と購買促進についてマーケ
ティング・コミュニケーション目標を例示する。小売業者は顧客がどの反応過
程にあるのかを見極めながら，マーケティング・コミュニケーション目標を決
定しなければならない。

　来店促進について，消費者の認知に関する目標では，小売業者（もしくは店
舗）についての知名度の向上があげられる。情動に関する目標では，小売業者
（もしくは店舗）に対するイメージの向上，小売業者の品揃えや販売価格につ
いての理解度の向上があげられる。行動に関する目標では，店舗に対する消費
者の出向頻度の増加，新規顧客の開拓があげられる。

　購買促進について，消費者の認知に関する目標では，取扱商品・ブランドや
生産者の知名度の向上があげられる。情動に関する目標では，取扱商品・ブラ
ンドや生産者に対する消費者の理解度の向上があげられる。行動に関する目標
では，消費者の店舗内滞留時間，買い上げ率の増加，購買点数，平均品目価格
の増加，売上高の増加があげられる。

(3) 販売目標

　マーケティング・コミュニケーション目標に関連して，小売業者においては，
販売計画は人的販売に直接関連付けられることが多い。つまり，その販売計画
に基づいて，販売員に販売目標が割り当てられる。これには，つぎのような項
目が含まれる（廣田，1985，pp.43-47）。

　①**販売目標の設定**：データを活用した販売予測に基づいて，マーケティング
　　目標を受けて，店舗，商品部門，商品カテゴリー，ブランド・レベルごと
　　に販売目標を設定する。

　②**販売割り当て（sales quotas）の作成**：①を受けて，それぞれについて，

　　期間別（年，決算期間，月など）の販売目標を設定する。これは，販売部
　　隊（sales force）の編成と連動しなければならない。さらに，個別販売員
　　ごとの販売目標割り当ても考慮される必要がある。

③**販売予算の決定**：マーケティング・コミュニケーション予算を受け，人的
　　販売活動とその他のマーケティング・コミュニケーション活動にかかる費
　　用を見積もる。

2．マーケティング・コミュニケーション・ミックス

　マーケティング・コミュニケーション手段の組み合わせは，マーケティング・
コミュニケーション・ミックスと呼ばれる。小売業者は，来店促進，購買促進，
好意形成それぞれを射程において，マーケティング・コミュニケーション目標
を達成するためにマーケティング・コミュニケーション・ミックスを案出する。

　3つのメディアの役割を鑑みて，当該ミックスを展開する必要がある。ペイ
ド・メディアである広告は小売業者や店舗の消費者間認知を高めることに貢献
する。さらに，アーンド・メディアを誘発したり，消費者をオウンド・メディ
アに誘引したりする役割を持つ。アーンド・メディアであるパブリシティーや
SNSにおける消費者の情報発信は，小売業者に対する消費者の好意形成に貢献
する。また，両メディアは来店を促進する。オウンド・メディアは，詳細な情
報を発信することができる。例えば，企業のwebページは広告と比較して，
多面的な情報を伝達することが可能である。そのため，オウンド・メディアは
小売業者と顧客の間の長期的な関係性構築に役立つ。そのうち，人的販売やセ
ールス・プロモーションは顧客に購買を促す。

　さまざまな手段をどのように組み合わせ，さらに，どの手段に重点をおくの
かを決定するためには，つぎのような要因を考慮しなければならない（宮澤，
1995，pp.196-197）。

①**資金量**：投入可能な資金が実施可能な手段を規定する。例えば，資金が潤
　　沢でなければ，マス・メディア広告のような比較的多くの資金が必要とさ
　　れる手段を展開することはできない。このことは，マーケティング・コミ
　　ュニケーション予算に関連する。

②**市場の性格**：ターゲット市場について，その地理的範囲，市場の集中度，消費者のタイプなどを考慮する必要がある。

③**商品の特質**：アフターサービスの必要度や顧客による商品取扱いの困難度などを考慮する必要がある。これらのレベルが高ければ，人的販売の重要度が増す傾向にある。

④**商品ライフ・サイクル**：商品カテゴリーで見たライフ・サイクルの段階によって，小売業者が重視するコミュニケーション手段は変化する傾向にある。そして，その変化は顧客の商品知識レベルに影響を受ける。一般的に，導入期では顧客に商品知識がないため，詳しい説明を必要として人的販売の重要度が増す。成熟期では顧客には商品知識は行き渡り，人的販売よりは広告の重要度が増す。

　人的販売を重視するか否かは，販売方法の選択に関連している。小売業者は，以上4つの要因に加え，利用可能な店舗空間，法規制などを考慮して，販売方法を選択する。

　それには，顧客の商品知識レベルの考慮も重要である。顧客が特定商品カテゴリーについて，商品選択に必要な知識を保有していない場合，小売業者は十分な商品説明を販売時に提供する必要がある。広告や陳列のような非人的手段を用いるだけでは情報提供が不十分であると判断される状況では，セルフサービスやセルフセレクションではなく，対面販売が選択される。逆に，顧客がリピート購買を行う商品で，商品知識を十分保有していると考えられる状況では，セルフサービスやセルフセレクションが選択される。

　また，商品が稀少で，高級品として扱われる場合には，小売業者は顧客が直接それを手に触れて扱うことを避ける。したがって，座売りや対面販売が選択されがちである。さらに，店舗が狭小である場合には，空間の効率的な利用が考慮され，セルフサービスやセルフセレクションが選択されることが多い。

3．マーケティング・コミュニケーション予算

　投入可能な資金量に関連して，それに配慮しながら，マーケティング・コミ

ュニケーション予算を決定する必要がある。マーケティング・コミュニケーション予算を算定するための主な方法には，つぎのようなものがある（Kotler *et al.*, 2022, pp.293-294〔訳，pp.442-444〕）。

①**支出可能額設定法**：支出可能な資金量の範囲内で予算を算定する方法である。

②**売上高比率法**：売上高（実績あるいは見込み）の一定割合を予算とする方法である。この方法は，簡便であるため広く利用されているが，売上高が減少した場合，マーケティング・コミュニケーション費用を増加させる必要がある時に，それを減少させてしまうという問題がある。

③**競争者対抗法**：競争者のマーケティング・コミュニケーション費用を参考にして，算定する方法である。売上高比率方法と組み合わせて用いられることが多い。

④**目標課題設定法**：所定の目標を達成するのに必要な課題を決定し，つぎに，その課題を実施するための費用を見積もり，その費用を予算とする方法である。

注

1）広義には，プロモーションについて販売を増大させる活動をすべて捉える見解が存在する。すなわち，製品，販売価格，チャネルに関する活動までもプロモーションの活動領分に含めるのである。また，セールス・プロモーションをここでいうプロモーションと同じ語義で用いる場合（同じく，販売促進と訳して用いる場合も含む）があるので注意が必要である。詳しくは，清水（1961，pp.41-60），橋本（1973，pp.269-271）を参照のこと。

2）ただし，小売業者が自らのプライベート・ブランドに関する広告を展開することがありうる。

3）現在デジタルサイネージと呼ばれるシステムが活用されている。映像を統制するコンピュータや配信サーバーと各ディスプレイとがインターネットでつながっている。各ディスプレイで映される内容の変更が通信遠隔操作によって容易になされる。この仕組みや活用法については，一般社団法人デジタルサイネージコンソーシアムマーケティング・ラボ部会（2016）に詳しい。

4）日本では，PRとパブリシティーを同一概念とする傾向がある。また，PRを広告と同一視する用例も見られる。

5) 小売業者の販売員の中には生産者や卸売業者から派遣されたものが存在する。派遣店員と呼ばれる。生産者や卸売業者は，自社ブランドの販売を安定化させる，小売現場の情報を収集する，小売業者との間の関係性を強化するなどの目的をもって，販売員を派遣する。

6) 顧客の苦情対応にも，販売員は役割を果たす。

7) 近年，販売員が顧客に極力接触しない店舗が開発されている。典型的な店舗では，顧客が入店時，顔認証システムやスマートフォンによるQRコード読み取りによって人物確認をした後，店舗内で買い物を始める。顧客が商品を手に取ると，設置されている複数のカメラや棚の重量変化センサーによりその商品の識別が行われ，顧客が店舗を出ると，あらかじめ登録したクレジット・カードなどの決済手段によって自動的に決済が完了する。

8) このプログラムにおいて，会員顧客は，特定期間中の購買額によって，シルバー，ゴールド，プラチナのような階級に分けられる。上位の階級に認定された顧客は，他の顧客よりも高い割引率やポイント還元率が与えられる。また，記念品の提供，特別なイベントへの招待，特定施設の使用権などの特典が与えられることもある。小売業者単独だけでなく，複数小売業者が共同してプログラムを運営することもある。このような措置によって小売業者は得意客との間の長期的な関係構築を図る。

9) インストア・プロモーションは，短期的な売り上げ増加を目的に店舗内で実施される需要刺激のことを指す。インストア・プロモーションとスペース・マネジメント（店舗内の商品の配置・陳列）を合わせて，インストア・マーチャンダイジングと呼ぶ。主にセルフサービス販売採用の小売業者で使われる用語である。詳しくは，流通経済研究所（2016）を参照のこと。

第11章
インターネット活用

本章は小売業者によるインターネット活用を扱う。小売業者にとって重要なインターネット活用がインターネット通販の展開である[1]。まず，インターネット通販の意義を説明する。つぎに，インターネットによる情報提供であるマーケティング・コミュニケーションを説明する。さらに，近年，店舗とインターネットとを統合的に運用する動きが盛んになっているため，チャネル統合としてその動きを捉えて，説明する。

第1節 インターネット通販の意義

インターネット通販は電子商取引（electric commerce）に含まれる。経済協力開発機構（organisation for economic co-operation and development：OECD）の定義によれば，電子商取引は，企業，家計，個人，政府，その他の公的・私的組織間を問わず，コンピュータを媒体としたネットワーク上で行われる財またはサービスの売買を指している（OECD, 2011）。ネットワーク経由で注文が行われる財とサービスについて，その決済や最終的な配送については，オンライン（online），オフライン（offline）のいずれでも構わない。売買の契約締結がオンライン上で行われる。狭義には，電子商取引はインターネット上での取引を指す。ここでは狭義で捉えていく（インターネット以外のコンピュータ・ネットワークで行われる商取引を除く）。インターネット通販は，財を取引対象とする企業消費者間（business to consumer: B to C）のインターネット上の取引である（経済産業省，2022）。

インターネット通販はインターネットを活用した通販であり，当然通販の一種である。通販は，郵便，電話，テレビ，ラジオ，インターネットなどの通信媒体を活用して，商品を販売する営業形態である（大野，1995, pp.99-101）。

複数の通信手段が組み合わされることもある。通販を行う事業者には，専業者だけでなく，店舗小売業者，卸売業者，製造業者なども含まれる。

1．インターネット通販の特質

インターネット通販の小売業者，顧客である消費者それぞれにとっての利点，不利点を踏まえて特質を捉えていく。

小売業者にとっての利点としてはつぎのものがあげられる（Pantano *et al.,* 2017, pp.5-8）。

①**市場参入が容易**：インターネットは，通信にかかる費用が通販用の通信媒体のなかでは比較的低いため，店舗はもとより他の媒体の通販と比較して参入しやすい。

②**比較的商圏が広い**：webサイトは世界中からアクセスすることが可能であるため，事業者の拠点を基点とする商圏は，店舗はもとより他の媒体を使った通販と比べて，広くなりがちである。

③**比較的品揃えが豊富**：webサイト上には掲示に物理的な陳列の制約がなく，比較的低い費用で多数の商品を掲載することが可能である。

④**双方向のコミュニケーションの容易さ**：他の媒体の通販と比較して，情報の流通が迅速であるため，企業と顧客間の双方向コミュニケーションが容易である。

⑤**情報蓄積の容易さ**：取引・決済，顧客の閲覧行動などインターネット通販に関するデータは電子化されているため，蓄積が容易である。

小売業者にとっての不利点としてはつぎのものがあげられる（Pantano *et al.,* 2017, pp.5-8）。

①**価格競争の起きやすさ**：店舗販売と比較して，市場参入が容易であり，商圏が広いため，顧客は同一商品を多数の小売業者から購買することが可能である。さらに，顧客はインターネット上で容易に価格比較できる。したがって価格競争が起きやすい。

②**店舗とは異なる投資，費用負担の可能性**：webサイトの構築・維持，複雑

なフルフィルメントのための物流センターの設営などに小売業者は投資し，運営費用を負担する必要がある。

顧客にとっての利点としてはつぎのものがあげられる（Pantano *et al.*, 2017, pp.108-109）。

①**時間的制約のなさ**：24時間オンデマンドで顧客は企業のwebサイトにアクセスして，情報を入手し，商品注文することができる。店舗と比較すれば，時間的制約は低減されている。

②**空間的制約のなさ**：顧客は店舗などの施設に移動することなく，商品に関する情報を入手し，注文を行うことが可能である。さらに，インターネットが利用可能である限り，どの場所からも商品に関する情報を入手し，注文を行うことが可能である。

③**情報比較の容易さ**：店舗販売とは異なり，商品探索に当たって空間的移動が必要ないため，商品購買に必要な情報について，小売業者間の比較が容易である。

顧客にとっての不利点として，配送料負担の可能性があげられる。商品を顧客の指定場所に届けてもらう際に，配送にかかる費用を顧客が負担する必要があるかもしれないのである。なお，不利点のなかでも障壁（barrier）と考えられるものについてはつぎに説明する。

2．インターネット通販に対する障壁

インターネット通販の普及に対して，顧客にとって障壁というべきものが存在する。ここでは2つの障壁として，リードタイムと知覚リスクを取り上げる。

(1) リードタイム

店舗販売においては，顧客は注文した商品を即時入手することが可能である。食料品や日用雑貨品などの生活必需品の場合，注文した商品の代金を支払えば，顧客は即座にその商品を持ち帰ることができる。しかしながら，インターネッ

ト通販においては，顧客は商品を注文後即時入手することができない。注文と入手の間にリードタイムが存在するのである。ところが，生活必需品を中心に，多くの商品分野において，顧客は即時入手を望む。なぜならば，即時入手できなければ，消費ニーズの充足を延期せざるを得ず，入手を待っている間，取引契約履行を監視しながら時間の経過を受け入れるという費用を負担しなければならないからである。近年は，受注後，即日配送することを訴求するインターネット通販業者が増加しているが，それでもリードタイムをなくすことはできない。

　また，商品が配送される際に，顧客は自宅や職場などの居場所にいて受け取らなければならない場合，その待ち時間を費やさなければならない。

(2)　知覚リスク

　消費者の知覚リスクは第5章で説明している。ほとんどの商品購買に存在するといってよい。しかしながら，同じ商品を購買する場合でも，店舗販売と比較して，インターネット販売のほうが知覚リスクは高まる傾向にある（Tan, 1999, pp.163-180）。なぜならば，顧客は売り手の実在を確認することができず，商品を直接確認することができないからである。したがって，インターネット通販においては，知覚リスク，とりわけ取引状況に関わる知覚リスクは高まる傾向にある。消費者の知覚リスクはインターネット通販においてつぎのように高まる傾向にある（Cases, 2002, pp.376-379）。

　①**経済的リスクの高まり**：顧客は基本的に商品の実物を確認することができないため，商品の機能，サイズ，デザイン，色調などを十分に知ることができない。したがって，誤って目的とはしない商品を購買して，金銭的支出を無駄にしてしまうかもしれない。

　②**取引履行リスクの高まり**：契約締結時，小売業者と顧客が直接接触することがなく，その後も直接接触の機会が限られる。したがって，顧客が代金を払ったにもかかわらず商品が入手できない，注文した商品とは違う商品が届けられる，あるいは指定とは違った場所や時期に商品が届けられるかもしれない。

③**情報漏洩リスクの高まり**：不特定多数がアクセスするwebサイトから特定顧客の個人情報が漏えいしてしまうかもしれない。その結果，個人情報が悪用され，当該顧客が経済的被害を受けるかもしれない。

第2節　インターネットによるマーケティング・コミュニケーション

インターネットによるマーケティング・コミュニケーションには，自社webサイトだけでなく，広告，SNSなどさまざまなメディアの活用が考えられる。これを整理するために，3メディアの統合的運用という考え方があることは第10章で説明した。これをここで確認した後，インターネット広告についてその概略を説明する。

1．3つのメディアの統合的運用

企業のマーケティング・コミュニケーションにとって，オウンド・メディア，アーンド・メディア，ペイド・メディアという3つのメディアによる情報発信（第10章参照）を考慮する必要がある（横山，2010）。インターネット上のマーケティング・コミュニケーションにおいても同様である。

インターネット上のオウンド・メディアは，自社webサイト（インターネット通販サイト含む），メール・マガジン，SNSの公式アカウント，自社制作スマートフォンのアプリなどがある。ペイド・メディアと比較して，情報伝達にかかる費用は低い。また，オウンド・メディアの多くは，企業が閲覧者のアクセスやクリックなどの閲覧行動を把握することができるため，マーケティング活動の効果測定にも活用可能である。さらに，インターネット通販サイトとその他のオウンド・メディアとの連動が比較的円滑であるため，オウンド・メディアを総合化して，インターネット通販を展開できる。

アーンド・メディアは，SNSやブログなど消費者が容易に情報発信することができるツールが開発され，消費者自身が情報チャネルになったことから認識されるようになった。企業にとって，それは「獲得する」メディアであるが，獲得すべきなのは消費者の評判である。消費者自らが発信した情報は企業が統

制できないため，消費者に信用されやすい。良い評判がSNSを通じて拡散した場合，消費者の企業に対する好意形成に役立つ。しかし，匿名の消費者が情報発信する場合，虚偽や歪曲がそれにまぎれている場合がある。SNSは投稿が容易であるため，虚偽の情報が瞬く間に広まる可能性がある。このことは企業の好意形成を阻害するかもしれない。

　ペイド・メディアはインターネット広告である。インターネット広告からオウンド・メディアに閲覧者を誘引することができれば，オウンド・メディアの効果的展開につながる。インターネット広告については後述する。

2．インターネット広告

　インターネット広告はwebサイト上の広告枠に有料で出稿される広告である[2]。企業自らのwebサイトはオウンド・メディアであり，それによる情報提供はインターネット広告とはみなされない。インターネット広告にはさまざまなものがあり，その情報伝達方法は日進月歩である。したがって，その特質や種類を整理することは容易ではない。ここでは，主なインターネット広告の特質を説明した後，現時点で，基本と考えられる広告の種類を解説する。

(1) インターネット広告の特質
　インターネット広告の特質としてつぎのようなものがあげられる（佐藤，2019，pp.8-9）。
　①**双方向性が可能**：企業の情報提供に対して，すぐさま消費者がクリックという形で反応することが可能であるため，企業から消費者に一方的に情報を提供するのではない。
　②**ターゲティングが容易**：消費者の属性とインターネット閲覧履歴から情報提供ターゲットを絞り込むことが可能である。
　③**パーソナル化が可能**：コンテンツ・サーバーとアド・サーバー（広告配信サーバー）が分離したことにより，閲覧者ごとに異なる広告を掲出することが可能である。
　④**広告効果測定が容易**：広告が閲覧されたか，閲覧後インターネット通販で

商品購買に至ったかなど広告効果を測定することが容易である。

⑤**低予算が可能**：出稿形態や課金方法によっては，マス広告のみならず，チ
　ラシなどよりも低予算で広告露出が可能である。

(2) インターネット広告の種類

　広告の出稿形態，表示方法，課金方法によってインターネット広告の種類を
整理する。

1）出稿形態

　出稿形態によって大きく純広告と運用型広告に分けることができる（佐藤，
2020, pp.1-5）。

　純広告は，マス広告と同様に，広告主は特定のwebサイト上の広告露出に
要する空間と時間を買い取る形態である。

　運用型広告は，アドテクノロジーと呼ばれる技術を活用して，さまざまな
webサイトに状況に応じて広告を出稿する形態である。配信先のwebメディ
アをネットワーク化させたアドネットワークが登場すると，１つのアドサーバ
ーから複数のwebメディアに一度に広告を配信することができるようになった。
さらに，アドネットワーク同士を接続し広告枠を交換するアドエクスチェンジ
の仕組みが構築されると，広告出稿の利便性が高まった。配信に当たっては，
入札が瞬時に行われ，最も高額で条件の良い広告が配信される仕組みも構築さ
れた。また，クッキー情報に基づいて，閲覧者の閲覧行動を把握することが可
能になり，これを広告配信に活かすことができるようになった。これらを総合
してアドテクノロジーと呼ぶ。

2）表示方法

　表示方法は日進月歩であるが，現在多く活用されているものは以下の通りで
ある（佐藤，2019, pp.112-173）。

①**バナー広告**：webサイト上の広告枠に画像あるいは動画が表示される形式
　の広告である。閲覧者がそれをクリックすると，広告主が目的とするweb
　サイトにつながるように工夫されているものがある。多くの場合，横長の
　看板のような形で表示されるの。

②**テキスト広告**：webサイト上の広告枠に文章が表示される形式の広告である。広告料金は比較的安価である。

③**記事（タイアップ）広告**：web上に出稿される記事のような形式の広告である。その記事は広告主がメディアと協力し，第三者の視点で，商品や企業を紹介するものである。記事の形式をとってはいるが広告である旨の表示がされる。

③**検索連動型広告**：検索サイトで検索を行うと，検索結果と共に閲覧者が入力した用語に関連のある広告が表示される。検索は閲覧者の興味と結びついていると考えられるため，閲覧者の興味を引く広告を出稿することが可能である。

④**行動ターゲティング型広告**：閲覧者の閲覧履歴に基づき，閲覧者が興味を持っていると推察できる広告を露出する。

⑤**コンテンツ連動型広告**：閲覧者が閲覧しているwebページの内容に関連した広告を露出する。

⑥**動画広告**：動画による広告である。動画配信サービスにおいて表示されるもの（インストリーム）と，webサイトのバナーなどに配信されるもの（アウトストリーム）がある。

⑦**メール広告**：メール・マガジン上に表示される広告と，広告としてのダイレクトメールがある。

⑧**アフィリエイト広告**：商品販売に対する成果報酬型の広告である。個人のブログに商品を紹介する記事を掲載し，そこに商品販売webサイトのリンクが貼られている方法が一般的である。

３）課金方法

広告表示に対する課金にはつぎのようなものがある（千代田他，2017, pp.44-48）

①**期間保証型**：広告表示の期間によって広告料金が決定する。バナー広告や記事広告に見られる。

②**インプレッション課金型**：広告の表示回数によって課金する。一般的には表示1,000回当たりの料金が提示される。インプレッション保証型の場合，

あらかじめ表示回数が決められ，それが保証される

③**クリック課金型**：広告表示に対して，実際に閲覧者がクリックした数に応じて課金する。

④**再生課金型**：動画広告の再生回数に応じて課金する。広告が視聴者に100％視聴されて課金する場合や，部分的視聴でも課金する場合がある。

⑤**配信課金型**：メール広告において配信メール数に応じて課金する。

⑥**成果報酬型**：商品販売や会員登録などあらかじめ決めた成果の達成に応じて料金が決まる。

第3節　チャネル統合

インターネット通販と店舗販売は競合関係にあるという考え方と補完関係にあるという考え方が存在する。補完関係とした場合，それを積極的に活用する方法が模索されてきた。このことは小売業者による複数チャネルの統合に関連する。ここでは，チャネル統合に関する考え方や特質を説明する。

1．チャネル統合の段階

(1) チャネル統合の類型

小売業者が1つのみチャネルを保有している段階から，複数のチャネルを保有する段階，さまざまなチャネルを統合する段階へと発展すると考えられる。これについて，つぎのような類型を見出すことができる（Beck and Rygl, 2015, pp.175-177; National Retail Federation, 2011, p.2）。

①**シングルチャネル（single-channel）**：小売業者は店舗販売，インターネット通販，カタログ通販などのうち1つのチャネルを運用して顧客対応している段階である。

②**マルチチャネル（multi-channel）**：小売業者は店舗販売，インターネット通販，カタログ通販など複数のチャネルを運用して顧客対応している。ただし，各チャネルは独立して運用されている。チャネル間の調整はほとんどなされない。

③**クロスチャネル（cross-channel）**：小売業者は店舗販売，インターネット通販，カタログ通販など複数のチャネルを運用して顧客対応している。各チャネルのブランドを統一しているが，チャネル間の調整はほとんどなされない。

④**オムニチャネル（omni-channel）**：小売業者は店舗販売，インターネット通販，カタログ通販など複数のチャネルを運用して顧客対応している。顧客の立場で各チャネルを継ぎ目なく利用することができるようにチャネル間調整がなされ，統合的に連動される。

　複数チャネルを保有することについて，小売業者にとってはさまざまな利点が存在する（Zhan *et al.*, 2010, pp.169-170）。店舗小売業者がインターネット通販に参入した場合，顧客接点（touch point or contact point）の増加，商圏の拡大，品揃えの充実，新たな顧客層の獲得，店舗では得られないインターネット上の顧客の行動履歴データの獲得などである。また，インターネット通販業者が店舗販売に参入した場合，顧客接点の増加，新たな顧客層の獲得，直接顧客と接触する機会の獲得などの利点が考えられる。

　シングルチャネルからオムニチャネルへと段階的に発展すると想定されている。実際には，マルチチャネルからオムニチャネルに至るまで，活動の統合には連続性がある。小売業者によって，どのチャネルのどの活動を統合するのか違いがある。

(2)　オムニチャネル

　最も統合が進んだ段階がオムニチャネルと呼ばれている。オムニチャネルとは，すべてのチャネルという意味である。すべてのチャネルとは，商流（所有権移転）のチャネルに加え，情報流（コミュニケーション）のチャネルも含むと考えられている。例えば，店舗，DM，カタログ，コールセンター，SNS，モバイル・デバイス，ゲーム機，TV，ネットワークにつながった機器など数えきれないチャネルが存在する（Rigby, 2011, p.67）。ここでは，さらに物流についても考慮することにする。つまり，商流，情報流，物流のチャネルを含む

ことを意味する。店舗やインターネットによる販売だけでなく，企業と顧客との間の情報のやり取り，企業から顧客への商品の配送やその逆の返品などの活動を統合するのである。

　オムニチャネル概念が登場した背景を説明する。インターネット通販の普及に伴い，店舗小売業者がインターネット通販に顧客を奪われるようになった。さらに，顧客が店舗を訪れて商品に触れて情報を取得した後，店舗では商品を購入せず，他社のインターネット通販で購入するという例が多く見られるようになった。いわゆるショールーミング（showrooming）といわれる現象である[3]。これでは店舗小売業者にとっては接客や商品展示の「ただ乗り」をされたことになる。そこで，店舗小売業者は自社の店舗とインターネット通販サイトとを連動させて，他社のインターネット通販に奪われた顧客を自社で囲い込む策を考案するようになった。

　また，多くの顧客はインターネットに習熟し，インターネットと店舗両方を使い分ける購買行動を見せるようになった。とりわけ，スマートフォンのようなモバイル機器の普及は変化の駆動因になった（Brynjolfsson *et al.*, 2013, pp.23-25）。スマートフォンによっていつでもどこでもインターネットを利用できるようになり，例えば店舗内で他社のインターネット通販サイトを閲覧して同一商品の価格を比較する消費者が現れた。この消費者の購買行動の変化に小売業者は対応する必要が生じた。

2．カスタマー・ジャーニーへの対応

　小売業者が，商流，情報流，物流のチャネルを統合し，顧客に継ぎ目のない買い物体験を提供するために，カスタマー・ジャーニーにおける顧客接点を考察する必要がある。顧客である消費者が，情報収集し，実際に商品を購買し，消費に至るまでの過程を旅にたとえてカスタマー・ジャーニーという。その旅の過程で，小売業者は，顧客接点における顧客の接触や接点間の移動をより円滑にする努力をすることで，継ぎ目のない買い物体験を顧客に提供することができる。

　マーケティング・コミュニケーション目標設定に関わるAIDMAモデル（第

10章で説明）が古典的なカスタマー・ジャーニー・モデルとして扱われてきた。その過程に，インターネット上の探索（search），情報の共有（share）を入れるなどのアイディアがいくつも出されてきた。カスタマー・ジャーニーは，基本的に，購買前（prepurchase），購買時（purchase），購買後（postpurchase）の 3 段階に分けることができる（Lemon and Verhoef, 2016, p.76）[4]。

　顧客接点は，企業と顧客が出会う機会を指している。流通フローに即して説明すれば，企業側から移転する財，財の所有権，財に関する情報が顧客に到達する機会である。消費者側からは，決済の結果移転する資金，消費者の事情に関する情報が企業側に移転する機会である。したがって，先述の商流，物流，情報流のチャネルにおいてその接点が見出せる。顧客接点には，企業保有の接点，提携者保有の接点，顧客保有の接点，顧客以外の消費者が関わる社会的接点が想定できる（Lemon and Verhoef, 2016, pp.76-78）。

　小売業者が保有・統制する顧客接点にはつぎのものが含まれる。すなわち，店舗（ここに存在する販売員，POP広告を含む），商品，広告（マス広告，インターネット広告，チラシ，屋外広告など），カタログ，自社webサイト，インターネット通販サイト，コールセンター，SNSの公式アカウント，商品配送，イベント，ポイント・プログラムなどである。

　小売業者が完全に統制できないものの，提携者が保有する小売業者の顧客接点には，生産者や卸売業者による小売業者取扱商品の広告・webページ，物流業者による商品配送，提携企業が提供し小売業者が利用する共通ポイント・プログラムなどがある。

　小売業者が統制できない顧客が保有する顧客接点には，消費者が選択する決済手段がある。また，社会的な接点としては，SNSにおける消費者による小売業者や商品に関する情報発信が代表的である。

　小売業者にはカスタマー・ジャーニーに沿って，各段階で重要な顧客接点を設計することが求められる。例えば，**図表11-1**のようにカスタマー・ジャーニーの各段階を単純化して，購買前の認知，購買・入手，購買後の消費，消費後とした場合，顧客はSNSによるクチコミで商品情報を得て，通販サイトで商品を確認して注文し，店舗でその商品を受け取り，消費段階で選択間違いに気

づいて通販サイトで交換手続きをし，交換後それを消費し，その後SNSに感想を投稿するという実際の過程が考えられる。このカスタマー・ジャーニーにおいて顧客に継ぎ目のない体験をしてもらうために，小売業者は，ECサイト，SNS，店舗における最適な顧客接点を設計し，各顧客接点を統合する必要がある。

　小売業者のチャネル統合マネジメントは，チャネルを横断した顧客の経験とチャネル全般に渡る小売業者の業績が最適化される方法において，利用可能な多数のチャネルと顧客接点との共生的なマネジメントである（Verhoef *et al.*, 2015, p.176）。

図表11-1　カスタマー・ジャーニーにおける顧客の動き

顧客接点	カスタマー・ジャーニー各段階				
	認知段階	購買段階	入手段階	消費段階	消費後段階
店舗			○		
ECサイト		○		○	
SNS	○				○

3．チャネル統合の利点と課題

　チャネル統合にはいくつかの利点が存在する。しかしその統合実現には困難さが伴う。

(1) 統合の利点

　チャネル統合は顧客と小売業者双方にいくつかの利点をもたらす（近藤, 2019, pp.127-129）。

1）顧客の利点

　顧客にとっては，なにより買い物の便宜性が向上する。顧客は希望するチャネルで希望する時に商品を注文し，それを希望する時に希望するチャネルで受け取ることができる。そもそもオムニチャネルは，顧客が複数のメディアや販

売チャネルを同時に使いこなしている状況に企業が対応するための対策である。この便宜性の向上は顧客にとって買い物費用が低減する可能性がある。継ぎ目のない購買体験は顧客満足の向上につながる。

　また，知覚リスクの低減が指摘できる（吉井，2020, pp.202-232）。先述のように，インターネット通販における商品購買は，店舗と比較して，顧客の知覚リスクが高い傾向にある。しかしながら，チャネル統合されている場合，インターネットで商品を注文する際，当該商品を店舗で確認して品質を確認できる，希望する商品ではなかった場合最寄りの店舗で返品できる，店舗で現金決済を行いその場で商品を受け取ることができるなど知覚リスクを軽減する顧客接点が存在する。

2）小売業者の利点

　小売業者にとって，チャネル統合によって統合的な顧客情報を獲得するという利点がある。店舗，インターネット，コールセンター，イベント，配送等の顧客接点において得られる顧客情報を統合することによって顧客のニーズを深く理解することができる。さらに，個人を特定して，データを獲得・分析することによって，顧客属性による購買行動を把握することができる。

　店舗における販売員，商品陳列，webサイト，コールセンターそれぞれ特質が違う。これらを組み合わせて，それぞれの利点を生かし不利点を補うことによって，顧客にとって最適な対応を実現することにつながる。

　コミュニケーション・チャネル間で一貫したメッセージを伝達し，顧客接点ごとにきめ細やかに顧客対応することによって，強固なブランド・イメージと顧客との関係性の確立につながる。顧客満足の向上やブランド力の強化の結果，小売業者にとって，売上高の向上につながる可能性がある。

(2) 統合実現のための課題

　オムニチャネルを実現するために，小売業者はいくつかの技術的・組織的な困難さを克服しなければならない（高嶋・金，2018, pp.1-10; Zhan *et al.*, 2010, pp.171-173）。ここでは，データ統合，在庫管理，取引条件統一，組織間調整を取り上げる。

1）データ統合

　小売業者は顧客を識別・捕捉して，そのデータをすべてのチャネルで統合し，チャネル間で共有する必要がある。店舗を訪れた顧客が，スマートフォンを使ってインターネット通販サイトにアクセスして商品の問い合わせをした後，つぎにパソコンを使ってインターネット通販サイトで注文し，その商品を店舗で受け取るという場合，小売業者は店舗とインターネット通販サイト双方で特定顧客を識別・捕捉する必要がある。しかし，インターネット上では比較的容易に顧客が識別・捕捉できたとしても，店舗では顧客の会員カードをスキャナーで読み取るなど何らかの工夫が必要で，識別・捕捉は容易ではない。そもそもチャネル間で特定顧客には統一した識別番号を付与する必要があるが，チャネルによって情報システムが異なる場合にはそれは容易ではない。

　また，店舗とインターネットでは顧客の行動履歴（閲覧や購買の履歴）の発生や把握の仕方が異なる。インターネット上では，顧客の閲覧履歴や購買履歴は情報システム上で把握可能であるが，店舗では，顧客を識別して商品の閲覧履歴を情報システム上で把握することは難しい。販売員の観察によってそれを把握することがありうるが，それを情報システム上のデータとして記録することは容易ではない。また。顧客を識別した購買履歴は会員カード・システムと連動した顧客ID付きPOSによって把握可能であるが，すべての顧客が会員カードを利用することはないため，すべての顧客のデータを蓄積するのは困難である。

2）在庫管理

　小売業者は商品在庫に関するデータをチャネル間で一元的に把握して共有する必要がある。さらに，商品の在庫と移動に関するデータをリアルタイムで把握する必要がある。インターネット通販用の倉庫内の在庫，店舗向け配送センター内の在庫，店舗から顧客への配送用取り置き，顧客から店舗への返品などリアルタイムで把握し，チャネル間で共有する必要がある。チャネル間で一元的に在庫データが把握・共有できていて，インターネット上で確認可能であれば，顧客が店舗Aを訪れて，目当ての商品が欠品していることを確認した際，インターネット上でインターネット通販用の倉庫と店舗Bの当該商品在庫を確

認して，即時入手を優先して店舗Bに出向いて，そこで当該商品を購買するという購買行動に小売業者は対応できる。しかしながら，このような詳細なデータをリアルタイムで把握・共有するのは容易ではない。

3）取引条件統一

複数の販売チャネルが連動する状況では，小売業者は同一商品の価格などの取引条件をチャネル間で統一する必要がある。もし販売チャネルによって取引条件が異なる場合には，価格が高いなど取引条件の悪い商品を購買した顧客は小売業者に対して不信感を持つ。しかしながら，店舗販売，インターネット通販，カタログ通販においては，それぞれ特有の競争環境が取り巻いていて，各チャネルで競争相手が異なる。さらに，店舗販売においては，店舗ごとに競争環境が異なる。競争上，小売業者が販売チャネルごとに，割引，表示価格，ポイント還元などの取引条件を変更する必要が生じた場合，その統一は難しくなる。

4）組織間調整

チャネルごとに組織（部門）が存在している場合，組織間の調整が必要である。例えば，顧客がインターネット通販サイトで購買した商品を店舗で返品した場合，店舗は販売額を計上していないにもかかわらず，返品処理のための費用を負担しなければならない。この場合，店舗を統括する組織にとって積極的に返品を受け入れないかもしれない。また，店舗で商品を確認した顧客が自社インターネット通販サイトで注文した場合，小売業者全体でみれば販売の実現であるが，店舗にとっては販売の実現ではない。そのため，店舗は顧客に対するインターネット通販サイトの案内に消極的になるかもしれない。その場合，小売業者は継ぎ目のない購買体験を顧客に提供できない。しかしながら，費用の負担や売上の計上は組織の評価につながるため，その調整は容易ではない。

(3) 店舗の役割の変化

小売業者がチャネル統合を進めることによって，小売の中核拠点である店舗の役割は変化する。店舗には，販売場所として役割に加え，ショールーム，商品の受け取り・返品拠点としての役割がありうる。

1）ショールームとしての店舗

インターネット上では顧客は商品に触れることはできない。店舗においては，顧客は実際に商品に触れてその品質を確認することができる。小売業者の店舗で商品を確認した顧客が他社のインターネット通販サイトで当該商品を購買することになれば，当該小売業者にとっては「サービスのただ乗り」をされたことになる。したがって，小売業者にとって，自らの店舗をショールーム化した場合，そこに訪れた顧客を自らのインターネット通販サイトに誘導し，そこで購買してもらうように，円滑にアクセス可能なサイトの構築や購買インセンティブの提供が重要となる。

2）配送拠点としての店舗

インターネット通販サイトで受けた注文について，顧客居場所の最寄店舗において配達員が商品を収集して顧客に届ける。この場合，店舗の在庫を届けるため，小売業者にとって，その在庫の回転が速くなる，配送センターから顧客居場所への配送と比較して配送費用が抑えられるなどの利点がある。しかしながら，店舗で欠品している商品は届けられない，商品収集について配送センターと比較して店舗内の作業は複雑になる，店舗から配送可能な地域に商圏が限られるなど不利点もある。

インターネットで生鮮食料品を中心とした商品を販売するネットスーパーにおいて，店舗を配送拠点とする事例が多く見られる[5]。スーパーマーケット店舗を営業する小売業者がインターネットに通販サイトを開設して，ネットスーパーを営業する場合，インターネットで注文を受け，決済はインターネット上で行い，その注文商品を店舗内の在庫から収集し，顧客の居場所に配送するというのが典型的なネットスーパーの形態である。店舗からの配送によって，店舗で販売されている商品が短い配送時間で顧客に届けられるため，生鮮食品の鮮度が維持されやすい。

3）受け取り・返品拠点としての店舗

インターネット通販サイトで受けた注文について，希望する店舗において注文商品を顧客に受け取ってもらう。また，インターネット通販で購買した商品を店舗で顧客に返品してもらう。この場合，小売業者にとっては，顧客の居場

所に配送することと比較して配送費用が抑えられる，店舗を訪れた顧客による
ついで買いが期待できる，インターネット通販顧客が店舗顧客へ転換するなど
の利点がある（Gallino and Moreno, 2014, pp.1434-1451）。しかしながら，店舗
の販売員の作業負担が増加する，店舗内に別途在庫を置く必要が生じるなど販
売にかかる費用増加の可能性がある。

注

1）通販は通信販売の略語であるが，一般的に使用される。本章では通販を用いる。
2）日本インタラクティブ広告協会（2019, pp.21-22）によれば，広告とは媒体社が
　有償で提供する広告枠に掲出されるものである。アフィリエイトは販売代行に類
　似するので，その定義上広告に含めないと捉えられるが，本書ではアフィリエイ
　トを広告と捉える。
3）逆にインターネット通販サイトで情報収集した後，店舗で購買することをウェ
　ブルーミング（webrooming）と呼ぶ。
4）第5章の消費者の購買行動過程とカスタマー・ジャーニーとの対応を整理すると，
　購買前段階は，商品購買過程における，ニーズ認知，商品に関する情報探索，商
　品評価と，店舗出向の全過程を含む。購買時段階は，商品購買過程における商品
　選択と商品購買を含む。購買後過程は商品購買過程における購買後評価を含む。
5）ネットスーパーの事業形態として，大きく分けて店舗配送型とセンター配送型
　がある。センター配送型は通販用の物流センターから配送される（住友信託銀行,
　2010, pp.23-26）。

参考文献

（日本語文献）

青木幸弘（1989）「店頭研究の展開方向と店舗内購買行動分析」田島義博・青木幸弘編著『店頭研究と消費者行動分析──店舗内購買行動分析とその周辺』誠文堂新光社。

青木幸弘（1992）「消費者情報処理の理論」大澤豊編『マーケティングと消費者行動──マーケティング・サイエンスの新展開』有斐閣。

渥美俊一（1990）『チェーンストア出店とSCづくり』実務教育出版。

渥美俊一（1992）『店舗レイアウト』実務教育出版。

阿保栄二（1983）『物流の基礎』税務経理協会。

天野恒夫（1991）『仕入管理の要点』評言社。

荒川祐吉（1962）『小売商業構造論』千倉書房。

池尾恭一（1986）「市場細分化と市場対応戦略」『季刊消費と流通』第10巻第3号。

石井淳蔵（1983）『流通におけるパワーと対立』千倉書房。

石井裕明・平木いくみ（2016）「店舗空間における感覚マーケティング」『マーケティングジャーナル』第35巻第4号。

石原武政（1982）『マーケティング競争の構造』千倉書房。

石原武政（2000）『商業組織の内部編成』千倉書房。

石原武政（2006）『小売業の外部性とまちづくり』有斐閣。

井関利明（1969）「ファミリー・ライフサイクルと買い手行動」田内幸一編『買い手行動の構造』日本生産性本部。

井関利明（1979）「ライフスタイル概念とライフスタイル分析の展開」村田昭治・井関利明・川勝久編著『ライフスタイル全集──理論・技法・応用』ダイヤモンド社。

伊丹敬之（1984）『新・経営戦略の論理──見えざる資産のダイナミズム』日本経済新聞社。

市原実（1995）『すぐ応用できる商圏と売上高予測』同友館。

一般社団法人デジタルサイネージコンソーシアムマーケティング・ラボ部会編（2016）『デジタルサイネージ2020』東急エージェンシー。

江尻弘（1992）『流通論』〔改訂版〕中央経済社。

江尻弘（2003）『百貨店返品制の研究』中央経済社

大野勝也（1995）「小売業」大野勝也・岡本喜裕『流通要論』白桃書房。

大橋正彦（1995）『小売業のマーケティング──中小小売商の組織化と地域商業』中央経済社。

加藤博之（2016）「商品配置を決定するフロア・マネジメント」公益財団法人流通経済研究所編『インストア・マーチャンダイジング』〔第2版〕日本経済新聞社。

兼村栄哲（1999）「流通の社会的役割と流通機能」兼村栄哲・青木均・林一雄・鈴木孝・小宮路雅博『現代流通論』八千代出版。

神谷蒔生（1978）『小売業マーケティングの実務』同文舘。

神山進（1997）『消費者の心理と行動——リスク知覚とマーケティング対応』中央経済社。

唐沢豊（2018）「SCMの基本業務機能」唐沢豊編著『SCMハンドブック』共立出版社。

川畑洋之介（2009）『バイヤーの計数管理——数字を制する者は利益を制する』繊研新聞社。

木地節郎・澤西敏彦・中村弘（1989）『流通業・サービス業の係数テクニック』中央経済社。

雲英道夫（1983）『要説商業学——現代の商品流通』一橋出版。

雲英道夫（1995）『新講商学総論』多賀出版。

苦瀬博仁（2021）「ロジスティクスと流通」苦瀬博仁編著『ロジスティクス概論』〔増補改訂版〕白桃書房。

国友隆一（1998）『単品管理マニュアル』ぱる出版。

経済産業省（2022）「令和3年度電子商取引に関する市場調査報告書」

郷香野子（2021）『事例ベース意思決定（CBDT）によるマーケティング』千倉書房。

小嶋外弘（1986）『価格の心理—消費者は何を購入決定のモノサシにするのか』ダイヤモンド社。

小林健吾（1992）『利益計画・予算のための販売予測』中央経済社。

小濱岱治（2000）『マーチャンダイジングの基礎と実務』評言社。

近藤公彦（2019）「V章オムニチャネル・マネジメント第1節チャネルの統合的管理」近藤公彦・中見真也編著『オムニチャネルと顧客戦略の現在』千倉書房。

今野勤（2019）『データ解析による実践マーケティング』日科技連。

斎藤実（1998）「保管・在庫管理と荷役のシステム」塩見英治・斎藤実編著『現代物流システム論』中央経済社。

坂部和正（1997）『図解商品の仕入れと管理』経林書房。

佐久間英俊（2005）「インターネット・マーケティングと消費者」山口重克・福田豊・佐久間英俊編『ITによる流通変容の理論と現状』御茶の水出版。

佐藤和明（2019）『最新ネット広告の基本と仕組みがすべてわかる本』秀和システム。

佐藤和明（2020）「最近のネット広告のしくみ」国民生活センター編『国民生活』第95号。

清水晶（1961）『販売促進』〔増補版〕同文舘出版。

清水晶（1965）『マーチャンダイジング（その1）仕入政策と売価政策』同文舘出版。

清水公一（2014）『広告の理論と戦略』〔第18版〕創成社。

清水滋（1992）『21世紀版小売業のマーケティング』ビジネス社。

白石善章（2003）「流通における動態的競争」保坂直達・白石善章『流通と経済』晃洋書房。

鈴木國朗（2005）『陳列技術入門』商業界。

鈴木安昭（1980）「小売業」鈴木安昭・田村正紀『商業論』有斐閣。

鈴木安昭（2016）『新・流通と商業』〔第6版〕（東伸一・懸田豊・三村優美子補訂）有斐閣。

住友信託銀行（2010）「ビジネスモデルを模索するネットスーパー——その配送方式を比較する」『調査月報』（住友信託銀行）9月号。

関根孝（2016）「小売機構」久保村隆祐編著『商学通論』〔九訂版〕同文舘出版。

総務省統計局（2022）「経済センサス——基礎調査産業分類一覧」。

高嶋克義・金雲鎬（2018）「オムニチャネル化の組織的課題——小売企業における戦略転換の組織的制約」『国民経済雑誌』第217巻第3号。

高橋郁夫（2008）『三訂消費者購買行動——小売マーケティングへの写像』千倉書房。

田口冬樹（2016）『体系流通論』〔新版〕白桃書房。

竹内弘高（1989）「第三次流通革命が開く生活大国への道」『ビジネス・レビュー』（一橋大学）第37巻第1号。

田島義博（1990）『流通機構の話』〔新版〕日本経済新聞社。

田村正紀（1980）「商業部門の形成と変動」鈴木安昭・田村正紀『商業論』有斐閣。

田村正紀（2001）『流通原理』千倉書房。

近間由幸（2020）「現代チェーンストアにおける要員管理の背景——テイラリズムとレイバー・レイバー・スケジューリング・プログラム（LSP）に注目して」『阪南論集社会科学編』第55巻第2号。

千代田義央・瓦井剛・宮山韓知（2017）「関与者，種類，課金形態などを整理ネット広告収入の会計処理ポイント」『旬刊経理情報』4月1日号。

通商産業省産業政策局・中小企業庁編（1995）『21世紀に向けた流通ビジョン——我が国流通の現状と課題』通商産業調査会出版部。

徳永豊（1980）『戦略的商品管理』〔改訂版〕同文舘出版。

新山勝利（2010）『売れる商品陳列マニュアル』日本能率協会マネジメントセンター。

西村順二（2010）「小売業者の品揃えにおける卸売業者提案型PBの戦略的位置付け——市場取引と組織取引のゆらぎ」高嶋克義・西村順二編著『小売革新』千倉書房。

日通総合研究所（1991）『輸送の知識』日本経済新聞社。

日本インタラクティブ広告協会（2019）『必携インターネット広告——プロが押さえておきたい新常識』インプレイス。

日本経済新聞社編（1963）『進展する流通革命——五マス・三S時代の日本』日本経済新聞社。

沼上幹（2004）『組織デザイン』日本経済新聞社。

野村清（1983）『サービス産業の発想と戦略』電通。

橋本勲（1973）『現代マーケティング論』新評論。

平木いくみ・石井裕明・恩蔵直人（2010）「香りと店舗内購買行動」『流通情報』第487号。

廣田達衛（1985）『セールス・マネジメント入門』日本経済新聞社。

風呂勉（1968）『マーケティング・チャネル行動論』千倉書房。

本藤貴康・奥島晶子（2015）『ID-POSマーケティング──顧客ID付き顧客データで商品・ブランド・売り場を伸ばす』英治出版。

松井剛（2001）「マズローの欲求階層理論とマーケティング・コンセプト」『一橋論叢』（一橋大学）第126巻第5号。

宮澤永光（1995）『基本マーケティング』白桃書房。

向山雅夫（1986）「小売商業形態展開論の分析枠組（Ⅱ）──分析次元とその問題点」『武蔵大学論集』第33巻第4号。

守口剛（1989）「シェルフ・ディスプレイ効果についての考察──シェルフ・ポジション効果の実証研究を中心として」田島義博・青木幸弘編著『店舗研究と消費者行動分析──店舗内購買行動分析とその周辺』誠文堂新光社。

山倉健嗣（1993）『組織間関係』有斐閣。

横山隆治（2010）『トリプルメディアマーケティング──ソーシャルメディア，自社メディア，広告の連携戦略』インプレスジャパン。

吉井健（2020）「アパレル商品を購買するマルチチャネルショッパーのリアル店舗内行動の考察──リアル店舗内での情報への満足感と知覚リスク低減効果への満足感との相関性に関する実証研究」『人間生活文化研究』（大妻女子大学）第30号。

流通経済研究所編（2016）『インストア・マーチャンダイジング』〔第2版〕日本経済新聞社。

和田美野（2022）「RFIDを活用したネットスーパーにおける食品ロスの削減実証実験──流通・購買データの一元管理と消費者の行動変容」『月刊自動認識』4月号。

（外国語文献）

Aaker, D.A.（1992）*Strategic Market Management, 3rd.ed.*, John Wiley and Son inc.

Aaker, J.（1997）"Dimensions of Measuring Brand Personality," *Journal of Marketing Research*, Vol.34, August.

Abell, D.F.（1980）*Defining the Business: The Starting Point of Strategic Planning*, Prentice-Hall.〔石井淳蔵訳（1984）『事業の定義』千倉書房。〕

Abernathy, W.J. and K. Wayne（1974）"Limits of the Learning Curve," *Harvard Business Review*, Vol.52, September-October.

Alderson, W.（1957）*Marketing Behavior and Executive Action*, R.D. Irwin.〔石原武政・風呂勉・光澤滋郎・田村正紀訳（1984）『マーケティング行動と経営者行為』千倉書房。〕

Alderson, W.（1965）*Dynamic Marketing Behavior*, R.D. Irwin.〔田村正紀・堀田一善・小島健司・池尾恭一訳『動態的マーケティング行動』千倉書房，1981年。〕

Ansoff, H.I. (1965) *Corporate Strategy*, McGraw-Hill. 〔広田寿亮訳 (1969) 『企業戦略論』産業能率大学出版部。〕

Arnold, M.J. and K.E. Reynolds (2003) "Hedonic Shopping Motivations," *Journal of Retailing*, Vol.79, No.2.

Babin, B.J., W.R. Darden, and M. Griffin (1994) "Work and/or Fun: Measuring Hedonic and Utilitarian Shopping Value," *Journal of Consumer Research*, Vol.20, March.

Basuroy, S., M.K. Mantrala, and R.G. Walters (2001) "The Impact of Category Management on Retailer Prices and Performance: Theory and Evidence," *Journal of Marketing*, Vol.65, October.

Bauer, R.A. (1960) "Consumer Behavior as Risk Taking," in R.S. Hancock (ed.), *Dynamic Marketing for A Changing World*, Proceedings of the 43th. Conference of the American Marketing Association.

Bearden, W.O. and M.J. Etzel (1982) "Reference Group Influence on Product and Brand Purchase Decisions," *Journal of Consumer Research*, Vol.9, September.

Beck, N, and D. Rygl (2015) "Categorization of Multiple Channel Retailing in Multi-, Cross-, and Omni-Channel Retailing for Retailers and Retailing," *Journal of Retailing and Consumer Services*, Vol.27.

Bellizzi, J.A., A.E. Crowley, and R.W. Hasty (1983) "The Effects of Color in Store Design," *Journal of Retailing*, Vol.59, No.1.

Bender, W.C. (1964) "Consumer Purchase Costs: Do Retailer Recognize Them," *Journal of Retailing*, Vol.40, Spring.

Berman, B., J.R. Evans, and P. Chatterjee (2018) *Retail Management: A Strategic Approach*, 13th.ed., Prentice-Hall.

Bjerstedt, A. (1960) "Warm-Cool Color Preferences as Potential Personality Indicators: Preliminary Note," *Perceptual and Motor Skills*, Vol.10, February.

Blut, M. and G.R. Iyer (2020) "Consequences of Perceived Crowding: A Meta-Analytical Perspective," *Journal of Retailing*, Vol.96, No.3.

Bruner, G.C. Ⅱ (1990) "Music, Mood, and Marketing," *Journal of Marketing*, Vol.54, October.

Brynjolfsson, E., Y.J. Hu, and M.S. Rahman (2013) "Competing in the Age of Omnichannel Retailing," *Sloan Management Review*, Vol.54, No.4.

Bucklin, L.P. (1963) "Retail Strategy and the Classification of Consumer Goods," *Journal of Marketing*, Vol.27, January.

Bukclin, L.P. (1965) "Postponement, Speculation and the Structure of Distribution

Channels," *Journal of Marketing Research*, Vol.2, February.

Bucklin, L.P.（1978）*Productivity in Marketing*, American Marketing Association.

Cases, A.（2002）"Perceived Risk and Risk-Reduction Strategies in Internet Shopping," *International Review of Retail, Distribution and Consumer Research*, Vol.12, No.4.

Cobb, C.J. and W.D. Hoyer（1986）"Planned Impulse Purchase Behaviour," *Journal of Retailing*, Vol.62, No.4.

Converse, P.D.（1949）"New Laws of Retail Gravitation," *Journal of Marketing*, Vol.14.

Craig, C.S., Ghosh, A. and McLafferty, S.（1984）"Models of the Retail Location Process: A Review," *Journal of Retailing*, Vo.60, No.1.

Davidson, W.R., A.D. Bates, and S.J. Bass（1976）"The Retail Life Cycle, " *Harvard Business Review*, Vol.54, November-December.〔訳者不明（1983）「小売ライフサイクルにみる小売業の成長と衰退」『ダイヤモンド・ハーバード・ビジネスレビュー』6-7月号。〕

De Mooij, M. and G. Hofstede（2002）"Convergence and Divergence in Consumer Behavior: Implication for International Retailing," *Journal of Retailing*, Vol.78, Spring.

Dick, A.S. and K. Basu（1994）"Customer Loyalty: Toward an Integrated Conceptual Framework," *Journal of the Academy of Marketing Science*, Vol.22, Spring, pp.99-113.

Dickson, P.R. and J.M. Ginter（1987）"Market Segmentation, Product Differentiation, and Marketing Strategy," *Journal of Marketing*, Vol.51, April.

Donovan R.J. and J.R. Rossiter（1982）"Store Atmosphere: An Environmental Psychology Approach," *Journal of Retailing*, Vol.58, Spring.

Dwyer, F.R., P.H. Schurr, and S. Oh（1987）"Developing Buyer-Seller Relationships," *Journal of Marketing*, Vol.51, No.2.

Festinger, L.（1957）*A Theory of Cognitive Dissonance*, Stanford University Press.〔末永俊郎監訳（1996）『認知的不協和の理論——社会心理学序説』誠信書房。〕

Fisk, G.（1967）*Marketing Systems: An Introductory Analysis*, Harper and Row.

Gallino, S. and A. Moreno（2014）"Integration of Online and Offline Channels in Retail: The Impact of Sharing Reliable Inventory Availability Information," *Management Science*, Vol.60.

Gist, R.R.（1968a）*Retail Management, 2nd.ed.*, The Dryden Press.

Gist, R.R.（1968b）*Retailing: Concepts and Decisions*, John Wiley & Sons.

Hall, M.（1948）*Distributive Trading: An Economic Analysis*, Hutchinsons University, 1948.〔片岡一郎訳（1957）『商業の経済理論』東洋経済新報社。〕

Hart, C. and M. Rafiq（2006）"The Dimensions of Assortment: A Proposed Hierarchy of Assortment Decision Making," *International Review of Retail, Distribution and*

Consumer Research, Vol.16, No.3.

Hofstede, G.（2001）*Cultures and Consequences: Comparing Value, Behaviors, Institution, and Organizations across Nations, 2nd.ed.*, Sage.

Hollander, S.C.（1960）"The Wheel of Retailing," *Journal of Marketing*, Vol.24, July.〔嶋口充輝訳（1979）「『小売の輪』仮説について」『季刊消費と流通』第 3 巻第 1 号。〕

Hollander, S.C.（1966）"Notes on the Retail Accordion Theory," *Journal of Retailing*, Vol.42, Summer.

Howard, J.A.（1977）*Consumer Behavior: Application of Theory*, McGraw-Hill.

Huff, D.L.（1964）"Defining and Estimating a Trading Area," *Journal of Marketing*, Vol.28, July.

Hunt, S.D.（1970）"Post-Transaction Communications and Dissonance Reduction," *Journal of Marketing*, Vol.34, July.

Izraeli, D.（1973）"The Three Wheels of Retailing: A Theoretical Note," *European Journal of Marketing*, Vol.7, No.1.

Jacoby, J. and L.B. Kaplan（1972）"The Risk Components of Perceived Risk," in M. Venkatesan（ed.）, *Advances in Consumer Research*, Association for Consumer Research.

Kaynak, E.（1979）"A Refined Approach to the Wheel of Retailing," *European Journal of Marketing*, Vol.13, No.7.

Kelly, E.J.（1958）"The Importance of Convenience in Consumer Purchasing," *Journal of Retailing*, Vol.33, July.

King, C.W. and L.J. Ring（1980）"Market Positioning Across Retail Fashion Institutions: A Comparative Analysis of Store Types," *Journal of Retailing*, Vol.56, No.1.

Kotler, P.（1967）*Marketing Management: Analysis, Planning, and Control*, Prentice-Hall.

Kotler, P. K.L. Keller, and A. Chernev（2022）*Marketing Management, 16th.ed.*, Pearson.〔恩蔵直人監訳（2022）『マーケティング・マネジメント原書16版』丸善出版。〕

Krishna, A.（2013）*Customer Sense: How the 5 Senses Influence Buying Behavior*, Palgrave Macmillan.〔平木いくみ・石井裕明・外川拓訳（2016）『感覚マーケティング──顧客の五感が買い物にどのような影響を与えるのか』有斐閣。〕

Lambert, Z.V.（1975）"Perceived Price as Related to Odd and Even Price Endings," *Journal of Retailing*, Vol.51, Fall.

Lavidge, R.J. and G.A. Steiner（1961）"A Model for Predictive Measurements of Advertising Effectiveness," *Journal of Marketing*, Vol.25, October.

Lazer, W. and E.J. Kelly（1961）"The Retailing Mix: Planning and Management," *Journal of Retailing*, Vol.37, Spring.

Lemon, K.N. and P.C. Verhoef（2016）"Understanding Customer Experience Throughout the Customer Journey," *Journal of Marketing*, Vol.80, November.

Levy, M. and B.A. Weitz（1996），*Essential of Retailing*, R.D. Irwin.

Levy, M. and D. Grewal（2023），*Retailing Management, 11th.ed.*, McGraw-Hill.

Lewison, D.M.（1991）*Retailing, 4th.ed.*, Macmillan Publishing.

Lichtenstein, D.R. and W.O. Bearden（1989）"Contextual Influences on Perceptions of Merchant-Supplied Reference Prices," *Journal of Consumer Research*, Vol.16, June.

Lusch, R.F.（1976）"Sources of Power: Their Impact on Intrachannel Conflict," *Journal of Marketing Research*, Vol.13, November.

Martineau, P.（1958）"The Personality of the Retail Store," *Harvard Business Review*, Vol.36, January-February.

Maslow, A.H.（1970）*Motivation and Personality, 2nd.ed.*, Harper and Row.（小口忠彦訳（1971）『人間性の心理学──モチベーションとパーソナリティ』産能大学出版部。）

Mason, J.B., M.L. Mayer, and J.B. Wilkinson（1993）*Modern Retailing: Theory and Practice, 6th.ed.*, Irwin.

Mattila, A.S. and J. Wirtz（2001）"Congruency of Scent and Music as a Driver of In-Store Evaluation and Behavior," *Journal of Retailing*, Vol.77, Summer.

McCarthy, E.J.（1964）*Basic Marketing: A Managerial Approach*, revised ed. R.D. Irwin.

McGoldorick, P.（2002）*Retail Marketing*, 2nd.ed., McGraw-Hill.

McNair, M.P.（1958）"Significant Trends and Developments in the Postwar Period," in Smith, A.B.（ed），*Competitive Distribution in a High-Level Economy and Its Implications for the University*, University of Pittsburgh Press.〔鳥羽達郎訳（2022）『「小売の輪」の循環──アメリカ小売業の発展史に潜むダイナミズム』同文館出版。〕

Mehrabian, A. and J.A. Russel（1974）*An Approach to Environmental Psychology*, MIT Press.

Meyhew, G.E. and R.S. Winer（1992）"An Empirical Analysis of Internal and External Reference Prices Using Scanner Data," *Journal of Consumer Research*, Vol.19,June.

Milliman, R.E.（1982）"Using Background Music to Affect the Behavior of Supermarket Shoppers," *Journal of Marketing*, Vol.46,Summer.

Moe, W.W.（2003）Buying, searching, or browsing: Differentiating between online shoppers using in-store navigational clickstream, *Journal of Consumer Psychology*, Vol.13, No,1/2.

Nagle, T.T. and R.K. Holden（2002）*The Strategy and Tactics of Pricing：A Guide to*

Profitable Decision Making, 3rd.ed., Prentice-Hall.

National Retail Federation, Mobile Retail Initiative（2011）*MOBILE RETAILING BLUEPRINT.*

Neilsen, O.（1966）"Development in Retailing,"in M. Kjaer-Hansen（ed.）, *Reading in Danish Theory of Marketing,* North-Holland.

North, A.C. and D.J. Hargreaves, and J. McKendric（1999）"The Influence of In-Store Music on Wine Selection," *Journal of Applied Psychology,* Vol.84, No.2.

OECD（2011）*OECD Guide to Measuring the Information Society.*

Palamountain Jr., J.C.（1955）*The Politics of Distribution,* Harvard University Press.〔マーケティング史研究会訳（1993）『流通のポリティックス』白桃書房。〕

Pantano, E., B. Nguyen, E. Dennis, B. Merrilees, and S. Gerlach（2017）*Internet Retailing and Future Perspectives, 2nd.ed.,* Routledge.

Perreault, Jr., W.D. and E.J. McCarthy（1999）*Basic Marketing, 13th.,* McGraw-Hill.

Peter, J.P. and J.C. Olson（2010）*Consumer Behavior and Marketing Strategy, 9th.ed.,* McGraw-Hill/Irwin.

Plummer, J.T.（1974）"The Concept and Application of Life Style Segmentation," *Journal of Marketing,* Vol.38, April.

Poirier C.C. and S.E. Reiter（1996）*Supply Chain Optimization: Building the Strongest Total Business Network,* Berrett-Koehler.〔松浦春樹監訳（2001）『サプライチェーンコラボレーション――原材料調達・生産・物流・販売システム最適化の追求』中央経済社。〕

Porter, M.E.（1980）*Competitive Strategy: Techniques for Analyzing Industries and Competitors,* The FreePress.〔土岐坤・中辻萬治・服部照夫訳（1995）『競争の戦略』〔新訂版〕ダイヤモンド社。〕

Porter, M.E.（1985）*Competitive Advantage: Creating and Sustaining Superior Performance,* Free Press.〔土岐坤・中辻蔓治・小野寺武夫訳（1985）『競争優位の戦略』ダイヤモンド社。〕

Reilly, W.J.（1931）*The Laws of Retail Gravitation,* Nickerbocker Press.

Regan, W.J.（1964）"The Stage Retail Development," in A. Cox, W. Alderson and S.J. Shapiro, *Theory in Marketing,* R.D. Irwin.

Rigby, D.（2011）"The Future of Shopping," *Harvard Business Review,* Vol.80,No.5.

Schultz, D.E. and H. Schultz（2003）*IMC, the Next Generation: Five Steps for Delivering Value and Measuring Returns Using Marketing Communication,* McGraw Hill.〔博報堂タッチポイント・プロジェクト訳（2005）『ドン・シュルツの統合マーケティング――顧客への投資を企業価値の創造につなげる』ダイヤモンド社。〕

Simonson, I. (1999) "The Effect of Product Assortment on Buyer Preferences," *Journal of Retailing*, Vol.75, No.3.

Smith, W. (1956) "Product Differentiation and Market Segmentation as Alternative Marketing Strategies," *Journal of Marketing*, Vol.21, July.

Smith, P.C. and R. Curnow (1966) "Arousal Hypothesis and the Effects of Music on Purchasing Behavior," *Journal of Applied Psychology*, Vol.50, No.3.

Solomon, M.R. (1999) *Consumer Behavior: Buying, Having, and Being*, 4th.ed., Prentice-Hall.

Sommers, M.S. and J.B. Kernan (1965) "A Behavioral Approach to Planning, Layout, and Display," *Journal of Retailing*, Vol.41, No.4.

Spangenberg, E.R., A.E. Crowley, and P.W. Henderson (1996) "Improving the Store Environment: Do Olfactory Cues Affect Evaluation and Behaviors," *Journal of Marketing*, Vol.60, April.

Sullivan, A. and D. Adcock (2002) *Retail Marketing*, Thompson.

Summers, T.A. and P.R. Hebert (2001) "Shedding Some Light on Store Atmospherics Influence of Illumination on Consumer Behavior," *Journal of Business Research*, Vol.54.

Tan, S.J. (1999) "Strategies for Reducing Consumers' Risk Aversion in Internet Shopping," *Journal of Consumer Marketing*, Vol.16,No.2.

Tauber, E.M. (1972) "Why Do People Shop," *Journal of Marketing*, Vol.36, October.

Varley, R. (2014) *Retail Product Management: Buying and Merchandising*, 3rd.ed. Routledge.

Verhoef, P.C., P.K. Kannan, and J.J. Inman (2015) "From Multi-Channel Retailing to Omni-Channel Retailing — Introduction to the Special Issue on Multi-Channel Retailing," *Journal of Retailing*, Vol.91, No.2.

Webster Jr., F.E. (1992) "The Changing Role of Marketing in the Corporation," *Journal of Marketing*, Vol.56, October.

Westbrook, R.A. and W.C. Black (1985) "A Motivation-Based Shopper Typology," *Journal of Retailing*, Vol.61, No.1.

Zeithaml, V.A., A. Parasuraman, and L.L. Berry (1985) "Problem and Strategies in Services Marketing," *Journal of Marketing*, Vol.49, Summer.

Zhan, J., P.W. Farris, J.W. Irvine, T. Kushuwara, T.J. Steenburgh, and B.A. Weitz, (2020) "Crafting Integrated Multichannel Retailing Strategies," *Journal of Interactive Marketing*, Vol.24.

索 引

《著者紹介》

青木　均（あおき　ひとし）

愛知学院大学商学部教授（流通チャネル論，ビジネス情報論担当）。

早稲田大学教育学部卒業，早稲田大学大学院商学研究科博士後期課程満期退学。

『小売営業形態成立の理論と歴史』（単著）同文舘出版，『小売業態の国際移転の研究』（単著）成文堂，『現代アメリカのビッグストア』（共著）同文舘出版，『新流通論』（共著）創成社，『現代流通論』（共著）八千代出版などの著書がある。

『小売営業形態成立の理論と歴史』で2020年度日本消費経済学会奨励賞受賞。
『小売業態の国際移転の研究』で平成19年度実践経営学会名東賞受賞。

2012年8月1日　初　版　発　行
2021年4月5日　初版4刷発行　　　　　　　　　　《検印省略》
2024年2月20日　第2版発行　　　　　　　　略称—小売ハンド（2）

小売マーケティング・ハンドブック（第2版）

著　者　青　木　　　均
発行者　中　島　豊　彦

発行所　同文舘出版株式会社
東京都千代田区神田神保町1-41　〒101-0051
電話 営業(03)3294-1801　編集(03)3294-1803
振替 00100-8-42935
https://www.dobunkan.co.jp

© H. Aoki　　　　　　　　　　　　　　　　製版：一企画
Printed in Japan 2024　　　　　　　　印刷・製本：萩原印刷

ISBN 978-4-495-64532-8